Mature Urbanism in the Local Society:
A Message from Sasayama City, Japan

成熟地方都市の形成

丹波篠山にみる「地域力」

編著 藤井和佐・杉本久未子

福村出版

JCOPY 〈(社)出版者著作権管理機構 委託出版物〉
本書の無断複写は著作権法上での例外を除き禁じられています。複写される場合は、そのつど事前に、(社)出版者著作権管理機構（電話 03-3513-6969、FAX 03-3513-6979、e-mail: info@jcopy.or.jp）の許諾を得てください。

■成熟地方都市の形成——丹波篠山にみる「地域力」■

目　次

序　章　「成熟地方都市」論に向けて　　藤井和佐
1. 「由緒ある田舎」への注目　8
2. 篠山市の概況　12
3. 研究・調査の概要　26

第1章　村落的共同性と地域社会　　藤井和佐
1. 集落・地域の維持　34
2. 地域社会における自治の二重構造と共同性　36
3. 篠山市の地域社会　42
4. 「村用」への参加　51
5. 地域を大切に生きること　55

【コラム1】「農都」篠山の黒豆　（藤井和佐）　68
【コラム2】イノシシと篠山　（福田　恵）　70

第2章　地域力としての自治会——自治会は"篠山再生"の力となりうるか　　森　裕亮
1. 地域力としての自治会　74
2. 篠山市の自治会概要　76
3. 自治会の地域力と行政協力　79
4. 自治会運営の実態、課題、その変化——2つのアンケート調査結果の分析　83
5. 自治会の地域力発揮への道　95

【コラム3】まちづくり協議会　（森　裕亮）　100

第3章　地域のくらしを支える——自治会長のライフコースから　　杉本久未子
1. 移動社会のなかでの自治会長　104
2. 自治会長のライフコース　107
3. 平成の大合併後の地域づくりと自治会長　117
4. 集落の新たな担い手として　132

【コラム4】大山振興会と里山オーナー事業　（杉本久未子）　138
【コラム5】丹波立杭焼　（杉本久未子）　140

第4章　篠山を担う——地域エリートの変遷　　奥井亜紗子

1. 篠山の地域エリート　144
2. 地域エリートの育成 1——農業高校と「農村エリート」　147
3. 地域エリートの育成 2——篠山町商工青年会議と「町場エリート」　152
4. 地域エリートの変遷　160
5. 担い手像の今後　165

【コラム 6】多紀郷友会と会誌『郷友』（奥井亜紗子）　172
【コラム 7】デカンショ祭（武田祐佳）　174

第5章　町屋活用と地域づくり
——城下町地区の取り組みから　　武田祐佳

1. 地域再生を阻む「壁」　178
2. 1990年代以降の城下町地区を取り巻く環境　180
3. 丹波古民家再生プロジェクト　183
4. 町屋を活用した地域づくりの展開　185
5. 土地建物の所有と利用の分離をうながしたもの　191
6. これからの地域づくりに向けて　195

【コラム 8】重要伝統的建造物群保存地区（武田祐佳）　202
【コラム 9】「集落丸山」（武田祐佳）　204

第6章　地方都市に住むという選択
——若者から見た篠山の魅力　　山本素世・杉本久未子

1. 地方都市と若者　208
2. 篠山市の若者の現状と定住促進策　212
3. 若者の暮らしと意識——インタビュー結果から　213
4. 若者たちの定住要因と篠山市の魅力　224

【コラム 10】住吉台（山本素世）　228
【コラム 11】篠山のエートス（心意気）（佐々木　衞）　230

終　章　篠山の地域力にみる「成熟」　　杉本久未子

1. 「成熟」を問う　234
2. 維持する地域力・呼び込む地域力　235
3. 地域力から浮かびあがる篠山の「成熟」　236

※各章扉の写真は編者撮影

2000（平成12）年に復元された
篠山城大書院

序章 「成熟地方都市」論に向けて

藤井和佐

篠山城跡から市街地をのぞむ

1. 「由緒ある田舎」への注目

■平成の大合併から 15 年を越えて

　本書は、平成の大合併政策のもと、合併自治体の先駆けモデルとして位置づけられた兵庫県篠山市を地方都市の再編モデルとして再評価し、篠山市を事例に地方都市・地域社会の「成熟」の可能性を探ることを目的とするものである。

　本書執筆メンバーの多くが、2001 年度採択の科学研究費補助金（研究代表　浅野慎一神戸大学教授）による調査研究を契機に篠山市にはいり始めた。1999（平成 11）年 4 月に、旧多紀郡 4 町（篠山町・西紀町・丹南町・今田町）と合併した当時の篠山市は、平成の大合併の先駆的自治体として位置づけられ、全国の市町村から視察がたえないといった状況にあった。われわれも視察団体のひとつに数えられたことだろう。平成の大合併政策が推進される前から合併を模索していた篠山市では、合併特例債などの財政支援措置を「思いもよらなかったけれど」と歓迎していたことを憶えている。

　そうしたなかで地域社会が変化し、行政と地域社会の関係も変化していくであろうことから、われわれ研究者としては、そのプロセスを追う必要があったことは確かである。しかし市内の各地域にはいり始めて注目させられたのは、自治体内格差とともに、「農」、「山」、歴史、文化にあらわれる豊かさを支える地域の人びとや暮らしのあり方、生活資源、そして大都市につながるネットワークの強さ、すなわち「地域力」であった。

　合併直後から始まった調査研究は、その後、異なる科学研究費補助金（研究代表　藤井和佐）がうけ継ぎ、現在にいたる。多くの地方都市では過疎化の勢いが止まらない。他方で何とか衰退をくい止めようという動きもある。地方都市の再評価を絵空事で終わらせないために

も、平成の大合併から15年を過ぎた今、その検証がおこなわれるべきときにある。

　そのような時宜を得て本書は、社会学を中心としながら政治学、行政学の視点も駆使し、合併自治体・地方都市の課題と可能性とに学際的にアプローチするものである。

■「成熟した地方都市」の模索

　本書では篠山市を、「由緒ある田舎」、「風格ある地方都市」の再編モデルとして位置づけることを試みたい。

　篠山市を「成熟した地方都市」といいきることは難しいかもしれないが、Iターン、Uターンできる生活の「豊かさ」を享受できる地方都市社会の可能性を篠山市にみることはできる。基層にある歴史・文化的蓄積、エートスや共同性の維持指向と、上層にある時代的変化やそれへの対応との相克・ダイナミクスをとらえることによって、それが可能となろう。

　結論を先取りしていえば、基層にあるのは「むら」あるいは「まち」社会的なもの、上層にあるのは「都市」社会的なものといいかえることができるかもしれない。「成熟した地方都市」の模索のためには、その両者の関係性を明らかにする必要がある。

　篠山市の「豊かさ」の根源に迫る各章における記述は、多くの地方都市がかかえる課題を解決するヒントになると確信している。全国的に人口が減少していく今、数字ではかれるような「成長」をみようとすることは難しい。しかし、人びとの日々の生活が守られていくような質的な意味での「成熟」をみることは、「消滅しない」地方社会像につながるであろう。

■**本書の構成**

本書は大きくは、篠山市をつくってきた力とつくっていく力に注目した論考で成りたっている。そこには、篠山市の歴史的・文化的蓄積がみえ隠れし、それが篠山市の地域力の源泉となっていることがみてとれよう。地域社会にとって何が必要で、何を捨ててはいけないのか、何をどのように変えていけばいいのか、考える材料を盛り込んだ。

第1章から第3章は、篠山市の地域社会の特性を示す自治会および自治会長に注目した論考である。おもに、本章第3節で述べる自治会長にたいする質問紙調査および半標準化調査（聞きとり調査）の成果にもとづいている。

第1章「村落的共同性と地域社会」（藤井和佐）では、地域社会を「集落」と「自治会」という枠組みでとらえていく。その枠組みにもとづいて、集落文化が残存している地域社会における住民のあり方とともに、「村用」などの地域活動を事例に地域社会における共同性維持のあり方に目を向ける。それによって、地域社会への「人」のつなぎとめ方の可能性と課題とをみることができよう。

つづく第2章「地域力としての自治会——自治会は"篠山再生"の力となりうるか」（森裕亮）では、第1章とは異なる視座から自治会をとらえる。自治会を篠山市におけるまちづくり、地域再生のための前提条件と位置づけ、その前提条件となりうるだけの地域力を篠山市の自治会がもっているのかを検証し、課題を析出する。その際、自治会のもつ「行政協力」機能に注目している。また、合併前後の自治会の成りたち、運営・活動内容についても詳しい。

第3章「地域のくらしを支える——自治会長のライフコースから」（杉本久未子）では、自治会長のライフコースに注目し、自治会長の職歴や地域とのかかわり方、世代的特徴を明らかにする。とりわけ高度成長期以降に地元に残っていた自治会長たち、就労の場を都会に求め、

そしてUターンした自治会長たちのキャリア形成のあり方や故郷にたいする想い、自治会活動は、篠山市の地域社会をとらえなおす契機ともなろう。

　後半の第4章から第6章では、個別に重ねられた調査成果にもとづき、自治会という枠組みや自治会長以外に、篠山市をつくりあげてきた人びとと、現在進行形でつくりつつある人びと、そしてこれからの篠山市の担い手をとりあげる。

　第4章「篠山を担う――地域エリートの変遷」（奥井亜紗子）では、地域のあり方を方向づけてきた「土着」「生え抜き」の「地域エリート」たちがどのような位置づけにあり、またどのような歴史的変遷をたどったのかを明らかにする。地域エリートたちの篠山市とのつながり方の背景に、地元の学校の存在とともに、地域による次世代の育成があったことが読みとれよう。それが現在では、次世代をつなぎ止めきれずに高齢化するばかりである。

　そこで、第5章「町屋活用と地域づくり――城下町地区の取り組みから」（武田祐佳）では、新しい地域の担い手像が示される。かつては多紀郡域一帯の中心地であった城下町地区も、空き町屋が目立つようになっていた。そのようななか、地元商店主が語る「外からの人」によって、土地建物の所有と利用の分離という形で空き町屋再生が進む。当該地域を訪問するたびに、町が明るくなっていった。地域再生のヒントがみてとれよう。

　第6章「地方都市に住むという選択――若者から見た篠山の魅力」（山本素世・杉本久未子）では、篠山市を離れなかった／離れられなかった若者たちの篠山観をとらえていく。地方社会に若者をつなぎとめようとする政策が展開されつつあるなか、若者たちの語りから、働く場があればいいというわけではない、篠山市の魅力とは何であるのかを示すことによって、若者の定住要件を探りたい。第1章や第3章のよ

うな、農村文化のなかにある世代を対象にした聞きとり内容から描かれる「篠山」像との違いもみてとれよう。

そして、以上の各章のあいだには「コラム」をはさんだ。どれも篠山市には欠かせないトピックスであり、最近の動向もおさえるようにしている。各章と併せてお読みいただければ、各章で語り尽くせなかった篠山市の地域力にたいする理解を深めることができよう。

それでは、篠山市の地域的全体像をとらえることから始めたい。

2. 篠山市の概況 [1]

篠山市における「地域社会」のありようをとらえようとするとき、とくに注意をはらうべき点が3つある。

1つは、先にも述べたように合併自治体であるという点である。

それによって一自治体内であっても、旧町時代からの行政施策や社会・経済構造面のみならず、文化的・歴史的背景に裏打ちされた住民の価値観および意識も地域的多様性を示し、篠山市を一枚岩的にとらえることはできない。それは多くの合併自治体も同様であろうが、篠山市では地理的範域の広さや県境にあるという空間的状況とあいまって、それが明確にあらわれている。また、地域特性は地域の個性ともなり、それが地域振興の資源となることもあるが、他方で自治体内格差を生みだす要因ともなっているのである。

2つめは、篠山市が大都市圏の郊外部に位置するという点である。

数字的意味で「限界集落」の定義にあてはまる集落があったとしても、それにたいする危機感は、内にも外にも共有されているとはいえない。それは、危機感がないからなのか、危機回避がなされるだけの対策がすでにとられているからなのか、それとも限界をみないことにしているからなのか。あるいは、数字的意味を凌駕する要因、たとえ

序章　「成熟地方都市」論に向けて

ば地域リーダーの活動や心意気、住民たちの意識や行動といった質的側面が数字的限界を克服しているからなのか。それは各章から明らかとなろう。

　3つめは、合併自治体とはいえ、ひとつの郡部を形成していたわけであり、そこには歴史に裏打ちされている共有された地域への想いがあるという点である。

　地域への愛着、あるいは地域の誇りと表現されることが多いこれらの想いが、地域の構造的側面をどのように支えてきたのか。そしてそれは世代をこえて共有されているものなのか。

　まずは、篠山市の地域概況を示すことによって、各章における議論の背景となる地域の構造的側面を説明することにかえたい。

■地理的状況

　篠山市は、総面積 377.61km^2、標高 400 ～ 800m の山々に囲まれ、総面積の4分の3を森林が占めている。さらに耕地（4,410ha（「2010年世界農林業センサス」より）と林野（28,175ha（同上）より）とを合わせると総面積の9割になる。そのような農山村の風景に彩られている地域であるが、40 ～ 50km 圏に大阪・神戸・京都があり、近畿自動車道敦賀線（つるが）やJR福知山線によって都市地域まで約1時間という関西都市圏の郊外部に位置する地域でもある（図1参照）。しかし、兵庫県の定める「阪神間都市計画区域」には含まれておらず、そのことが篠山市の地域振興のあり方にも影響していよう。

　また南に隣接する三田市（さんだ）[2]には北摂三田ニュータウンがあり、大阪・神戸のベッドタウンとなっていると同時に、篠山市の子・孫世代が新居をかまえる地域のひとつともなっている。

　西隣の丹波市（たんば）も三田市と同様、子・孫世代の居住地となっている。丹波市内の住宅地の広告が、篠山市内の駅に掲示されており、また、

図1 篠山市の位置

(注) 農林水産省公式サイト内「市町村の姿〜兵庫県篠山市〜」
(http://www.tdb.maff.go.jp/machimura/map2/28/221/index.html、
最終アクセス 2010 年 1 月 22 日) より転載。

序章 「成熟地方都市」論に向けて

兵庫県立柏原(かいばら)病院や丹波県民局が丹波市内にあることから、生活上、行政上のつながりも深い。通婚圏でもあり、東隣となる京都府西部地域とともに、篠山市と丹波市とは丹波文化を共有しているといってよいだろう。そのようななか、「丹波」を名乗りそびれた形の篠山市には、「丹波篠山」という名称へのこだわりがくすぶりつづけている[3]。合併時における「多紀(たき)はひとつ」(多紀郡＝篠山市)といった言説にあらわれているように、歴史的な背景をもった範域へのこだわりが感じられる。

■人口と世帯数

2010(平成22)年9月末日現在の住民基本台帳によると、篠山市の人口は、44,955(男21,556、女23,399)人、世帯数は、16,618戸である。同年の国勢調査報告では、人口が43,263人、世帯数は15,342戸となっている。このことは第3章等でもふれられているように、月に1回だけ、あるいは年に数回だけ篠山の家に戻ってくる場合や、週末だけを篠山で過ごす二地点居住者がいる場合があり、普段は空き家状態になっている家があることとも関係していよう。

図2に示したように1950(昭和25)年からの人口と世帯数の動きをみると、1990(平成2)年までは世帯数の動きに比して人口が減少している。高度経済成長期をはさみ、子世代が親世代を残して都市部へと他出移動したことがうかがえる。その後、世帯数・人口ともに上昇傾向となったのは、住吉台の開発に始まり、ミニ開発の住宅地やマンション、アパートが増えたことも一因となっている。

また、市域全体の自治会長への聞きとり調査をとおして明らかとなったこととして、人口増減数にはあらわれない、親世代と子世代との世帯分離という形の市内移動があることにも注意をはらっておきたい。

15

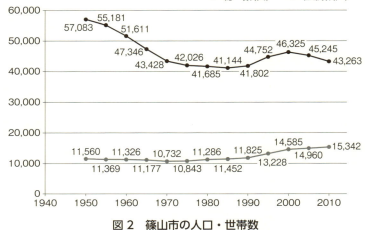

図2　篠山市の人口・世帯数

(注)　国勢調査報告により作成。

■産業別就業人口

　篠山市における特産としては、山の芋・黒大豆・栗・猪肉・篠山牛などの農業生産物と、今田町における丹波立杭焼が有名である。これらの農産物や丹波立杭焼などは、観光資源ともなっている。また市内には、農業協同組合（以下「JA」と表記）のほかに集落が中心となって運営している農産物直売所もあり、篠山市が豊かな農業地域であるという印象を与えてくれる。

　しかし、水稲を中心とする農業の担い手は高齢化しており、基幹的農業従事者3,070人のうち2,431人（79.1％）が65歳以上である（「2010年世界農林業センサス」より）。実際、同データによれば、総農家数4,274戸のうち1,003戸（23.5％）が自給的農家となっている。さらに経営耕地規模別にみると、販売農家3,271戸のうち2,100戸（64.2％）が1ha未満となっている。このような篠山市における農業展開のあり方は、

各農業集落における耕作放棄地（143ha）の管理や獣害対策などをめぐる課題へとつながっている。全国的に有名な特産をもっていたとしても、農業による若者の吸収にはつながっていないのである。

さらに、市内における就労場所に目を向けてみても、公共機関以外にはゴルフ場や中小企業などがあるとはいえ、若い世代をつなぎとめておくだけの雇用場所にめぐまれているとはいえない。他の章でも示されるように、三田市や大阪、神戸への通勤もあるが、大学への進学時に市外へ出た若い世代は、そのまま市外で就職していく傾向にある。他方、市内の工場には、ブラジル人などの外国人が就労している状況にある。

また、表1をみてみると林野面積に比して林業関係の就業者は多くない。森林が産業資源となっているわけではないことがみてとれよう。

「2010年世界農林業センサス」によれば、林家数は1,721戸であるが、林業経営体数としては162経営体で、そのうち124経営体（76.5%）は家族経営である。法人化している経営体は18経営体、地方公共団体・財産区の組織形態をとっているのは2経営体である。「2005年農林業センサス」時には、林家数（保有山林面積が1ha以上の世帯数）が1,690戸、林業経営体数は309経営体であった。また、法人化している経営体は22経営体、地方公共団体・財産区の組織形態をとっているのは9経営体であった。5年間で経営体数がかなり減っている。

獣害が深刻だというだけではなく、山のもつ意味が変化していると考えられる。集落で共有する山林のあり方に特徴のみられる篠山市において、農業とともに、山林のあり方も集落のあり方と連動していよう。

表1　篠山市の産業大分類別就業者数の変化（15歳以上）

	1975	1980	1985	1990	1995	2000	2005	2010
総数	23,108	22,675	21,833	22,334	23,717	23,769	23,652	21,444
第1次産業就業者比率	35.1	26.5	22.4	18.8	17.0	14.5	14.9	12.1
農業	8,052	5,977	4,851	4,156	4,016	3,428	3,509	2,553
林業・狩猟業	47	36	48	36	22	20	21	36
漁業・水産養殖業	4	1	1	1	0	2	1	1
第2次産業就業者比率	25.3	30.3	33.1	34.1	32.6	31.7	29.7	26.2
鉱業	55	35	46	32	15	5	4	3
建設業	1,566	1,846	1,843	1,659	1,933	1,975	1,716	1,131
製造業	4,226	4,984	5,332	5,917	5,795	5,544	5,308	4,476
第3次産業就業者比率	39.6	43.1	44.4	46.8	50.1	52.7	54.6	56.5
卸売・小売業、飲食サービス業、宿泊業	2,958	3,333	3,153	3,252	3,766	4,218	4,395	4,033
金融・保険業、不動産業	327	374	335	379	403	381	359	396
運輸・情報通信業	1,339	1,325	1,172	1,141	1,106	1,162	1,054	1,090
電器・ガス・熱供給・水道業	97	143	127	152	176	183	146	146
サービス業	3,533	3,797	4,101	4,654	5,430	5,618	6,091	5,687
公務	904（分類不能含）	796	801	865	995	973	878	767
分類不能	—	28	23	90	60	260	170	1,122

（注）　国勢調査報告により作成。比率の単位は％であるが、その他は人数である。
　　　2005年及び2010年の「サービス業」には、「サービス業」のほか「医療・福祉」「教育・学習支援業」「複合サービス事業」を、2010年には「学術研究、専門・技術サービス業」「生活関連サービス業、娯楽業」を含む。
　　　2010年の「鉱業」には「採石業、砂利採取業」を、「運輸・情報通信業」には「郵便業」を、「金融・保険業、不動産業」には「物品賃貸業」を含む。

序章 「成熟地方都市」論に向けて

■自治体合併の歴史

　篠山市の地域史にとって合併自治体であることの意味の大きさについては、冒頭で述べたとおりである。しかも、平成の大合併政策時の合併のみが意味をなすのではなく、昭和の合併時にさかのぼる。

　表２にみられるように、1954（昭和29）年までは１町18か村であり、これが現在（一部統合前）の小学校区、大字の範域となっており、「地区」と称されている[4]。

　その後、1975（昭和50）年３月までは、篠山町、城東（じょうとう）町、多紀町、西紀町、丹南町、今田町の６町であった。それが、篠山町、城東町、多紀町が合併して篠山町になり、1999（平成11）年４月に篠山町、西紀町、丹南町、今田町の４町が合併して篠山市となったのである。

表２　篠山市廃置分合の歴史

多紀郡（1999・4・1消滅）	篠山町				1999.4.1　篠山市
	八上（やかみ）村			1955.4.20	
	畑（はた）村				
	城北（じょうほく）村				
	岡野（おかの）村				
	日置（ひおき）村	1892.1.8 後川（しつかわ）村	1955.4.10 城東村 1960.1.1 城東町	篠山町 1975.3.28	
	雲部（くもべ）村				
	福住（ふくすみ）村	1955.4.15　多紀町			
	村雲（むらくも）村				
	大芋（おくも）村				
	南河内（こうち）村	1955.1.1　西紀村	1960.1.1　西紀町		
	北河内村				
	草山（くさやま）村				
	大山（おおやま）村			1955.4.15　丹南町	
	味間（あじま）村				
	城南（じょうなん）村				
	古市（ふるいち）村				
	今田（こんだ）村			1960.1.1　今田町	

旧4町時代にはそれぞれの町政が自治体基盤を固めたときでもあり、それを誇りに思う声も聞かれる。また、旧村時代に所有していた共有山林を現在も管理していることや、小学校区となっていることなどから、旧1町18か村の各範域は、自治会の単位となっている集落のつぎに結束が固く、われわれ意識も強い。聞きとり調査によって語られた、それぞれの村の神社の祭りなどの伝統行事を大切に思うことばに、村の歴史と文化とが息づいているのがわかる。

　他方で、人口構造などの自治体内格差が明らかとなるのも、この範域でみたときなのである。以下、図3～5（杉本久未子作成（初出：杉本　2009）を加工）においてそれを示しておこう。図3の人口増減率では、JR篠山口駅や道路網の結節点付近の人口が増加していることがわかる。図4の高齢化率をみると東西格差が顕著であり、その裏返しとして小学生数増減率（図5）からも東西格差の傾向がみてとれる。

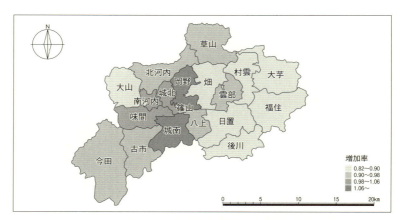

図3　合併後の人口増減率（1999年－2008年）

（注）　各レンジは、小数点以下第3位を四捨五入。

序章 「成熟地方都市」論に向けて

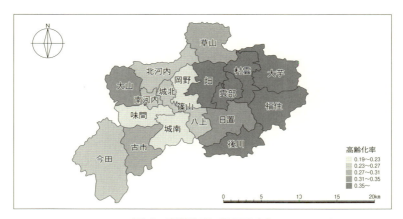

図4　高齢化率（2008年）

（注）　各レンジは、小数点以下第3位を四捨五入。

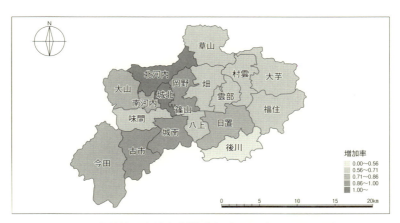

図5　合併後の小学生数増減率（1999年－2008年）

（注）　各レンジは、小数点以下第3位を四捨五入。

■地域人口の質的状況

　人口をめぐっては、地勢的状況とともに人口の数・質を併せてみてみたい。すると、篠山市には以下のような4種類の地域をみることが

21

できる。

　1つは山村地域である。篠山市の周縁部に位置し、定住人口が減少傾向にある。山裾の竹林や不耕作地が目立っていながらも、地域振興を指向するリーダーのいる集落では、イベント行事に参加する交流人口によって活性化の様相を示す場面もある。また、狭い谷筋の田であっても、獣害対策用の柵が丁寧に張りめぐらされ、稲穂が風に揺れている地域もある。

　2つめは、農村地域である。蔵のある農家の屋敷地を遠景に、構造改善により整った田園風景が広がる。この風景は、篠山が「豊かな」地域であると評される所以でもあろう。定年後Uターンによる還流人口や、子世代が後継者として残ることにより、人口としては維持傾向にある。家や屋敷地、農地継承にたいする意識の残存が、後継者残留の背景となっていると考えられる。

　3つめは、篠山市の城跡周辺の地域や旧町時代に中心部であった旧まち部である。第5章（武田）にあるように、空き家等の地域資源の発見と再生により、ここも人口維持傾向にあるといえる。恒常的に観光客の姿を認めることができる地域でもある。

　4つめは、おもにJR篠山口駅の周囲に広がる新旧住民混住地域である。高速道路のインターチェンジや郊外型の大型小売店舗などもあり、生活の利便性を求めて転入してきた新住民によって人口が増えている。飲食店では、仕事帰りと思しき若い世代が談笑する姿もみえる。

　このように、篠山市における地域間格差は、地理的周縁性と人口の質的状況とが連動して危機的状況をあらわすものといえよう。

　ところが、当然、人口が減少傾向にある地域であれば、地域維持にたいする危機感も強いことが予測されるが、必ずしもそういうわけではない。小学生のいる世帯が集落内に2、3世帯でもあれば、小学生の親世代も相対的に若いため、人口が減少していたとしても、地域の

担い手として期待できるのである。また、「どこどこの家の息子がもうすぐ戻ってくる」といったことも、集落の将来を楽観視できる要因となっている。

　もうひとつ危機感が希薄になっているのは、市内周縁地域の親世代の家から子世代が世帯分離する形で、市内の通勤に便利な駅に近い団地等に引っ越しているといった場合である。すぐに帰省できる距離への転出であるため、子世代は親世代の残る集落の共同作業（村用）に帰省して参加している。それのみならず、親世帯のための買い物なども含め、子世代、つまり他出子の行き来がかなり頻繁な場合もある。このことは、徳野貞雄（2014）が、子世代のＵターン予測とともに、他出子も家族構成員として数えることによって、集落はまだ「限界」ではないと住民に認識させようとするＴ型集落点検の結果と符合するものである。

■旧町の特徴

　上述した4種類の地域の特性は、旧町の特徴とも重なる部分がある。最後に旧町がみせる、篠山市の地域力のマイナス面にもプラス面にも作用する構造的・文化的多面性を概観しておきたい。

　表3に各旧町の人口や小学校区数、自治会数や議員数、農業委員数をまとめた。

　まず旧篠山町は、篠山・多紀・城東の3地区に支所をもつ。各支所は、昭和の合併時の旧町ごとに配置されていることになる。

　旧篠山町には、城跡[5]と復元された大書院を中心に篠山市の中心部が広がる。旧武家屋敷や妻入商家群は、伝統的建造物群保存地区に指定されている（コラム8）。商店街が貫き、観光・商業色が強い地域である。このあたりは、市主催各種イベントの中心地ともなっており、観光客にたいする求心力があるとともに、JR篠山口駅から遠いという

こともあって、住民の生活は遠心することなくこの町場内で完結している。

旧多紀町は、一部、亀岡藩だった地域である。現在も生活圏として京都とつながっている。京街道の宿場町をもっており、町並みの一部にその名残がうかがえる。東部にはゴルフ場群があり、そういった意味での求心力のある地域である。

旧城東町は、三田市や猪名川町に接している。戦前は鉄道篠山線（軍事路線）があり、1972（昭和47）年までそれが残った。住民からは乗車時の思い出がよく語られた。

つぎに旧西紀町であるが、山間部に位置するといってよい。北部には、ゴルフ場や観光施設がある。南部は、JR篠山口駅に比較的近いため、近年は人口も増加傾向にあり、峠を越えた北部とでは様相が異なる。また、1970（昭和45）年に過疎地域に指定されており、その後

表3　篠山市旧町の概要

	篠山	（篠山）	（城東）	（多紀）	西紀	丹南	今田	篠山市
面積（km²）	187.46				54.42	83.74	51.99	377.61
人口（人）（1999年）	23,024	14,336	4,406	4,282	4,687	15,771	4,152	47,634
人口（人）（2004年）	22,248	14,061	4,159	4,028	4,737	16,139	4,243	47,633
人口（人）（2009年）	20,814	13,411	3,729	3,674	4,502	16,105	3,931	45,352
人口（人）（2014年）	19,584	12,783	3,423	3,378	4,261	15,884	3,692	43,421
小学校区	11	5	3	3	3	4	1	30
自治会数	148	69	44	35	28	62	23	261
合併前の議員定数（人）	18				12	16	12	58
初市議選当選人数（2000年）	11				3	8	4	26
農業委員数（1999）	12	5	3	4	3	5	4	24

（注）　人口は、各年掲載の『篠山市統計書』（篠山市公式サイト内市政情報「統計」（http://www.city.sasayama.hyogo.jp/pc/municipal/statistics/、最終アクセス2015年2月4日）の「町丁別人口」（住民基本台帳9月末日現在）集計）の地区別人口による。
　　　小学校区・自治会数は、2009年10月2日現在である。
　　　農業委員数のうち丹南の数字は古市地区が除かれており、今田の数字に含まれる。合併前の総定数は70名であった。

ハード面の整備が進んだ。それもあって、合併メリットを感じないという声も聞かれた。

旧丹南町は、町域にJRの駅5つと舞鶴若狭自動車道のインターチェンジをもっており、通勤に便利ということもあって、市内移動を含む人口増加地域である。それにともない、旧住民と新住民との混住化が顕著となっており、自治会長からは自治会運営上の課題が語られる。

前述した住吉台はここにあり、約5,000人規模の住宅地を形成している。1997（平成9）年のJR篠山口駅以南の複線化によって、大阪や阪神間のベッドタウンとなった。駅周辺には駐車場が広がり、郊外型の商業施設も立ち並んでいる。そのすぐ脇には田畑も広がっているが、篠山市のなかにあって郊外都市的様相を示す地域でもある。

このような丹南町に比して旧今田町は対照的といってよい。

明治の大合併（1889年）以降、1999年まで合併経験がなかった地域であり、文化的独自性を強調する意識のあらわれとして、今田町のみが合併後も「今田町」という地名を残している。伝統産業としての丹波立杭焼があることや、播州文化の地でもある。さらに他の地域が武庫川水系にあるなかにあって加古川水系であるということもあり、他の地域とは一線を画している。町内外の住民もそれを意識しており、文化的背景の違いを強調する語りもよく聞かれる。また隣接する三田市も生活圏となっている。

このように旧町ごとの特徴をみただけで、篠山市が一口で語れないことがわかる。そして集落にも集落ごとの特徴がある。それは伝統や文化を重んじる意識と、変えていかなければならないという意識との背景ともなっている。この意識の混在こそが篠山市が、成熟地方都市と成りゆくターニングポイントにあることを示しているのではないだろうか。各章においては、このような篠山市の今日的ありようが明らかとなるであろう。

3. 研究・調査の概要

　最後に、本書の研究的背景とおもな調査データの概要について述べておきたい。

　本書は、2007〜2009（平成19〜21）年度科学研究費補助金基盤研究(B)19310165「瀬戸内・中国山地の農林漁業地域に住まう女性・若者・高齢者の生活に関する経験的研究」（研究代表　藤井和佐）（以下、「海山研究」と略記）の一環としておこなった共同調査研究（篠山研究班班長　杉本久未子）の成果と、メンバー各自によってその後も継続された調査研究の成果にもとづく。

　篠山市における共同調査は、上記プロジェクトに先立って、2001〜2004（平成13〜16）年度科学研究費補助金基盤(A)(1)13301008「都市のユニバーサリズム、ナショナリズム、ローカリズム――都市の本質的なりたちに関する基盤的研究」（研究代表　浅野慎一神戸大学教授）（以下、「都市のなりたち研究」と略記）の一環としておこなわれており（篠山研究班班長　佐々木衞）、調査研究にはこのときからの同一メンバーがたずさわっている[6]。

　共同調査は、聞きとり調査と質問紙調査を中心としている。その成果を手がかりに、各メンバーが、地域イベント、集落行事への参加もおこないながら、個別の聞きとり調査のほか、アンケート調査、資料収集などを進めていった。

　共同調査における聞きとり調査[7]は、先の「都市のなりたち研究」プロジェクトにより2001（平成13）年に始まる。2001年9月5日〜7日、19・20日、12月25・26日、そして2002年8月4日〜6日に、篠山市各部署（当時の総務課・企画課・都市計画課・地域文化課など）、農業委員会、教育委員会、丹波ささやま農業協同組合、篠山農業改良普及センター（当時）、商工会、各町商店会、篠山市自治会長会、財

団法人大山(おおやま)振興会、多紀郷友会、兵庫県立篠山鳳鳴(ほうめい)高等学校、市内企業などにおいておこなった。このときの調査目的は、①合併の経緯と合併後の市政の変化、②篠山市の産業構造や地域構造、③地域住民組織や地域活動の概要、などを把握することにあった。同時に、各メンバーが個別の問題関心に沿った関連調査をおこなっている（森裕亮 2005：資料編1）。

　そして2003（平成15）年2月22日～24日にかけては、篠山市自治会長会理事へ半標準化面接調査をおこない、全理事20名中17名から回答を得た。このときの成果は、浅野慎一・藤井和佐編（2005）にまとめている。また、篠山市自治会長会理事会開催の折りに、その成果を報告する機会を得た。

　つぎの「海山研究」プロジェクトに入った2007（平成19）年8月28日～29日には、篠山市企画課、草山郷づくり協議会へ、翌2008年の8月25日～27日は、篠山市企画課および市民協働課を訪問した後、篠山市在住の20歳代の「若者」に聞きとり調査をおこなった。

　2009（平成21）年には、先の篠山市自治会長会理事調査後6年を経て、全市域の自治会長（一部、自治会役員が同席した場合があった）にたいする半標準化調査（調査責任者　杉本久未子）を実施した。2009年6月12日～14日に10自治会、7月11日～12日に8自治会、8月7日～9日に14自治会、2009年9月4日～6日に13自治会（内1か所は2回）、11月21日～22日に3自治会を回り、その後も市内外で断続的に調査をおこなった。この調査の概要については、本書第3章「1.3 インタビュー調査の概要」（杉本久未子）を、調査結果の全体像については、杉本久未子・藤井和佐（2010）を参照されたい。本書の第1章（藤井）、第3章（杉本）が、おもにこの調査結果にもとづいたものとなっている。

　プロジェクトによる共同調査としては、2009年10月2日に実施し

た、篠山市農林政策課（当時）および市民協働課、丹波農業改良普及センターへの聞きとり調査が最後である。その後は、2015年4月にいたるまで複数人および単独で個別に各所を訪問して、調査データの補完をおこなっていった。おもな対象となったのは、多紀郷友会、町屋地域、若者世代である。詳細は、奥井、武田、山本の各章に記されているとおりである。

　数量的把握を目的とした質問紙調査は、3回おこなっている。

　1回目は、2003年11月〜2004年1月にかけて実施した、篠山市全自治会長を対象とする郵送法による全数調査である。配票数261票、有効回収数186票で有効回収率71.5%であった。第2回目は、2004年11月〜12月に実施した篠山市民を対象とするものである。「都市のなりたち研究」プロジェクトにおける阪神圏各都市の市民意識調査の一環として実施された、郵送法による標本調査（電話帳からの無作為抽出。調査対象は各宛人または20歳以上の世帯員）である。配票数1,000票、有効回収数537票で有効回収率53.7%であった。以上の2回の質問紙調査については、浅野慎一・藤井和佐編（2005）のほか、浅野慎一・岩崎信彦・西村雄郎編（2008）においてもその成果を生かしている。

　第3回目は、2009年1月〜2月に実施した、篠山市自治会長を対象とした郵送法による全数調査である（調査責任者　森裕亮）。配票数260票、有効回収数　220票で有効回収率84.6%であった。この篠山市全自治会長への質問紙調査の概要および結果については、『平成20年度質問紙調査「篠山の地域社会を考えるためのアンケート」集計結果報告』（森裕亮編　2009年）にまとめている。また、本書における第2章（森）が、その成果を活用したものである。

　それでは、以上のような質的および量的な調査データを用い、第1章から順に、体系的かつ総合的に合併地方都市の「その後」、すなわち「成熟地方都市」への道に迫っていくことにしよう。

序章 「成熟地方都市」論に向けて

追記

　上記の調査研究プロジェクトにご協力をいただいた自治会長の皆様、篠山市役所をはじめ関係諸機関の皆様、そしてここに個別にお名前をあげることができないほど多くのかたがたに、われわれの調査研究はご協力をいただきました。ここに記して篤く感謝申しあげます。

　「研究者の書く内容は、言いたい放題であるうえに小難しいので、皆さんへの還元になるのかわかりませんが、本として研究成果を上梓したいと考えています」と申しあげたとき、最初のプロジェクト以来、お世話になっている市役所職員が、「難しいものを理解できないのは、こちらの勉強不足ということ。忌憚なく書いてほしい」とおっしゃってくださったことが忘れられません。そのような励みになるおことばを頂戴しておきながら、本書の刊行が大変遅れてしまいました。ひとえに編者の責任であり、ここにお詫び申しあげます。

　時がたったとはいえ、データが語る内容は古びていません。それは、篠山市が地域の課題状況をめぐって先端を行っていたことから、多くの地方都市が今もって共感できる内容になっているからではないでしょうか。そのことは、篠山市が成熟都市のモデルとなりうることを示す証左であろうと自負しています。

　同時に、篠山市が絶えず動きのある地域であることも確かです。

　合併特例債によって財政が危機的状況に陥ったことが判明したころ、商店街には空き店舗も目だっていました。新たな地域自治体制の定着も難しそうにみえていました。ところが、このような篠山市に舞台性を見出した移住者たちが、まちづくり、地域づくりを始めています。そこにこそ篠山市の底力があるのでしょう。

　今後も篠山市に学び、時には批判的まなざしを向けることによって、篠山市の皆様のご協力に報いたいと思っています。生きやすい「成熟した」地方社会を模索していくことを、われわれはあきらめません。

【注】

1 地域の概況部分は、藤井和佐（2010）にもとづき大幅に加筆・修正したものである。
2 三田市については、岩崎信彦（2008）、鰺坂学（2008）、藤井和佐（2008）および三田市まちづくり部生涯学習支援室生涯学習課市史編さん担当編（2012）を参照されたい。
3 「『篠山市』誕生以降、近隣地域で名前に『丹波』が付く自治体の誕生や市議会での議論などにより『篠山市』を『丹波篠山市』に変更してはという声が起きて」いることから、2011（平成23）年度に市職員プロジェクト「市名改称問題検討プロジェクト」が発足し、翌年には「篠山市の市名を考える検討委員会」が設置された。その検討結果が2014年3月に報告書の形でまとめられている。『篠山市の市名を考える検討委員会報告書』は、篠山市公式サイト内（http://www.city.sasayama.hyogo.jp/pc/group/kikakukakari/assets/2014/07/houkokusyo.pdf、最終アクセス2014年12月27日）にある。
4 旧村は、藩政村の範域と必ずしも一致しているわけではない。
5 1609（慶長14）年、徳川家康の命で築城された。藤堂高虎から松平三家8代、青山家6代と藩主がかわっている。
6 本書執筆メンバーのほかに、首藤明和（現 長崎大学教授）、多田哲久（現 小山工業高等専門学校非常勤講師）が調査研究メンバーであった。
7 インタビュー時にはインフォーマントから録音許可をとり、その書き起こしによってメンバー間で情報共有をおこなった。本書執筆に際して、個人が特定されるおそれのある場合は、個別に掲載許可をとるようにした。
　また、本書各章内および章扉、コラムなどで使用している写真についても、関係者あるいは関係機関から掲載許可をとっている。写真のご提供もいただいており、重ねて御礼申しあげます。

【参考文献】

浅野慎一・藤井和佐編，2005，『都市のユニバーサリズム、ナショナリズム、ローカリズム——都市の本質的なりたちに関する基盤的研究　第2分冊　篠山編』（平成13-16年度科学研究費補助金基盤研究(A)(1)13301008（研究代表　浅野慎一）研究成果報告書）．

浅野慎一・岩崎信彦・西村雄郎編，2008，『京阪神都市圏の重層的なりたち——ユニバーサル・ナショナル・ローカル』昭和堂．

鯵坂学，2008，「三田市の『町』と住民自治の展開——町規約の変遷を手がかりにして」浅野慎一・岩崎信彦・西村雄郎編，前掲書，410-427.
天野郁夫編，1991，『学歴主義の社会史——丹波篠山にみる近代教育と生活世界』有信堂高文社.
岩崎信彦，2008，「『田園文化都市』三田の都市的なりたちと矛盾——ニュータウン開発が残したもの」浅野慎一・岩崎信彦・西村雄郎編，前掲書，110-126.
柏原誠，2002，「合併モデル・篠山市の検証」重森曉・関西地域問題研究会編著『検証・市町村合併——合併で地域の明日は見えるか』18号，49-80.
小西砂千夫，2001，「合併と地域コミュニティ——篠山市における地域性への配慮」財団法人21世紀ひょうご創造協会編・発行『市町村合併が地域社会に与えた影響に関する調査——篠山市の事例調査を中心として』，71-80.
三田市まちづくり部生涯学習支援室生涯学習課市史編さん担当編，2012，『三田市史　第2巻　通史編Ⅱ』三田市.
杉本久未子，2009，「周縁から見る自治体合併——兵庫県篠山市の事例から」『大阪人間科学大学紀要』第8号，67-74.
杉本久未子，2011，「篠山の地域力を考える——自治会長インタビューから」『大阪人間科学大学紀要』第10号，85-92.
杉本久未子編，2010，『篠山市の地域力——暮らし・人・風土』（平成19-21年度科学研究費補助金基盤研究(B)課題番号19310165「瀬戸内・中国山地の農林漁業地域に住まう女性・若者・高齢者の生活に関する経験的研究」（研究代表　藤井和佐）研究成果報告書第5輯）.
杉本久未子・藤井和佐，2010，「【資料】篠山市の自治会・自治会長」杉本久未子編，前掲書，66-71.
徳野貞雄，2014，「第Ⅰ部　現代の家族と集落をどうとらえるか」徳野貞雄・柏尾珠紀『家族・集落・女性の底力——限界集落論を超えて』農山漁村文化協会，14-224.
藤井和佐，2008，「三田市商店街の変容」浅野慎一・岩崎信彦・西村雄郎編，前掲書，428-442.
藤井和佐，2010，「篠山市の地域概況」杉本久未子編，前掲書，1-8.
藤井和佐・武田祐佳，2005，「篠山市の社会概要」浅野慎一・藤井和佐編，前掲書，11-22.
森裕亮，2005，「篠山市の町村合併」「再編される住民と自治体の関係」「各調査の概要」浅野慎一・藤井和佐編，前掲書，24-32・33-45・資料編1-2.
森裕亮，2008，「自治体合併と篠山市」浅野慎一・岩崎信彦・西村雄郎編，

前掲書,127-146.
森裕亮編,2009,『平成 20 年度質問紙調査「篠山の地域社会を考えるためのアンケート」集計結果報告』(平成 19-21 年度科学研究費補助金基盤研究(B)19310165「瀬戸内・中国山地の農林漁業地域に住まう女性・若者・高齢者の生活に関する経験的研究」(研究代表　藤井和佐)研究成果報告書第 2 輯).

峠のゴミ拾いや草木の手入れは
地域びとがおこなう

第1章 村落的共同性と地域社会

藤井和佐

村用のあとがうかがえる里地の風景

1. 集落・地域の維持

　「限界集落」(大野晃)の「限界」は、集落の高齢化・世帯減少によって、冠婚葬祭や道役などの集落の社会的共同生活が維持できなくなることへの警告を表現したことばである(大野　2011：106)。この文脈でいえば、集落の再生とは、集落で展開される共同関係の再構築を意味する[1]。そして、成長指向の地域活性化を試みることが困難となっている今、集落側では、限界がさらに進行することのないよう現状に踏みとどまること、すなわち集落の維持こそが課題となっていよう。集落が、自治的に「地域共同管理」(中田実)をおこなう母体であるとするならば、この集落維持＝共同性維持に取り組む主体は、自治的共同関係にあると考えられる。

　集落が縮小化するなかにあって、集落にとどまらない地域連携を想定した流域共同管理(大野　2009)や、地域社会による「非市場価値の価値化」(東敏雄　2007：88)が具現した農村ビジネス(靍理恵子 2009)なども、時代とともにある自治的共同関係を利用した地域維持のあり方のひとつである。また、自治会・町内会を「行政の末端補完組織として位置づけること」の限界を指摘する議論もある(難波孝志 2014：192)。集落・地域維持の方策は、自治的共同関係の再構築のあり方にかかっているのかもしれない。

　本章では、このような視座から、篠山市域における集落・地域における自治的側面に目を向けてみたい。

　もともと篠山市の範域は阪神圏の都市近郊農業地域であり、兼業化も容易であった。酒造出稼ぎ者を輩出した地域としても有名である。現金収入を背景に、教育熱心な風土が後押しして、子弟を大阪、東京へと送りだしており(第4章、奥井亜紗子　2011)、そのような他出者たちを通じても「都会」が身近な農業地域である。だからこそ、「都

会的なもの」に抗する形で伝統的慣習・集落文化を守ろうという意識が強かったと考えられ、それが今にも残るわけである。

　集落の担い手という側面に目を向けてみると、たとえ他出したとしても、長男子には跡継ぎ意識があり、実際に長男子のUターンによって集落が維持されてきた側面も確認できる（第3章）。

　そしてさらに、1999（平成11）年に旧多紀郡4町で合併し、篠山市となったことが、集落維持指向を高めた要因のひとつと考えられる。上述のように農村−都市関係や環流人口が集落を支えていたとはいえ、市域全体を見渡すと、現在では戸数が10戸に満たない集落もある。他方で、団地造成などにより人口の増えている地域（コラム10）や、新住民が混住する地域もある。篠山市全体でみると、そのことが中心−周縁構造を生みだすとともに、地域間格差となって立ちあらわれているのである（序章）。

　また、財政が逼迫しているなか、行政は自治会を基盤に地域との協働関係を制度化した（第2章）。それによって篠山市の地域自治には、共有山林や農道・用水などを管理する旧来からの集落自治と、この集落を単位としてつくられた、行政との協働を担う自治会自治との二重性がみられるようになったのである。高齢化・人口減少や共有山林の経済的価値の低下により弱体化した「集落」に、自治会という枠組みが強固に位置づけられることにより、地域社会における自治が実体化したかの様相を示している。そして自治会が「時代の家連合」（東2009：88）として機能し、個人（長男）は他出していても、物理的距離を越えて、自治会の公的単位としての世帯（「イエ」）に個人が包摂されつつ[2]、自治会メンバーとなっている様もみられる。すなわち長男とイエとが、二重の枠組みのなかに組み込まれているのである。

　「集落」とよばれるような地域自治の範域が生きているような社会では、ときには近世にまでさかのぼることが可能なほどの村落的共同

性、すなわち集落による地域共同管理が今なお現出する。しかしながら、集落人口の数的側面のみならず、地つき住民の高齢化といったように質的側面も変容している現在、農山村が直面している地域課題の解決にとって、このような自治の二重構造はどのような意味をもつのであろうか。

　本章は、このような状況にある篠山市域における地域運営のあり方を、おもに 2009（平成 21）年 6 月〜 11 月におこなった自治会長にたいする半標準化調査の結果からとらえ[3]、とくに地域維持＝共同性維持のあり方とその意味・課題を、地域における「村用」などの社会的共同生活のあり方に注目して明らかにしていくことを目的とする[4]。まずは、上に述べた篠山市の地域自治における二重構造のあり方を考えるにあたって、先行研究から得られる知見を概観し、そのうえで村落的共同性をとらえるための方法論を検討しておきたい。

2. 地域社会における自治の二重構造と共同性

2.1 「村落二重構造論」からの知見

　本章でいう集落自治と自治会自治との二重性の問題は、鈴木榮太郎に始まり、山崎仁朗（2012）や高橋明善（2014）等の現在にいたる村落二重構造論の議論とは文脈を異にする。しかしながら、村落二重構造論をめぐるさまざまな論点は、集落自治と自治会自治について考えるうえで、いくつかの知見を与えてくれる。

　先行研究にみる「村落二重構造論」が関心をよせているのは、「自然村」（ムラ）と「行政村」の二重構造の問題である。石川一三夫（2002）は、両者の矛盾対立に注目し、その研究史をまとめている。そのなかで注意しなければならないのは、この村落二重構造論において対象とされているのが、1888（明治 21）年の町村制の公布にともなって生ま

第 1 章　村落的共同性と地域社会

れた公法人としての行政村と、「その行政村の下に組み込まれた地縁的組織としてのムラ（自然村・旧村・部落・区・字）」（石川　2002：103）との関係にあるという点である。このときの行政村は、大区小区制期をはさみ、元は藩政村を含む形で創設されている。したがって、この藩政村をムラの前身として位置づける議論につながっている。

　しかしながら、藩政村は年貢の村請の行政単位としての性格をもつものではあっても、実際の生活においては、「村を越えた範囲で生活上必要な関係が取り結ばれることもあったし、逆にひとつの村のなかに、村より小さい複数の集落が含まれていて、その集落が生活上の結合の単位として大きな役割を果たしている場合も少なくなかった」（松沢裕作　2013：32）。つまり、生活共同の範域は、村請の「村」の範域と必ずしも一致しているわけではない。「自然村」（ムラ）と「行政村」との関係を議論する場合、範域をめぐる行政単位的な側面と生活共同単位的な側面とによって成りたつ「地域性」を前提とする必要があるのである。

　つぎに、地域性と同時に、「自然的集団」化していた「集落」が、行政と協働する「自治会」という「行政的集団」[5]として位置づけられたときの課題について確認しておきたい。

　地域社会における「共同の力」（高橋　2014）は、住民が自分たちで山林や、不耕作地を含む田畑を管理していかなければ、農業が成りたたないことを前提に発揮されるものである。しかし、農山村に限らず、町場であろうが住宅地であろうが、防犯・防災、高齢者の生活維持などの主体的・内発的な営み＝自治の先に地域社会はある。地域社会が、「住縁」（岩崎信彦）を契機として成りたっていることの意味ははかりしれない。

　このような「内生的活動の積み重ね」（同上書：200）によって成りたっていた集落＝自治会が、行政との協働によって「自治的公共性」を形

成できるのか、できないのかが課題となる。「区や自治会は行政統治のための組織の面ももつが、同時に、市町村における自治的公共性の一端を担い、自らも自治組織として自治的公共性を作り出し、市町村自治の内容を提供している」(同上書：218) と位置づけるならば、行政は、自治会の内生的活動を妨げるようなことがあってはならない。

同時に、自治会は「個」の「公共性の形成」への参加を保障することが必要となる。

「現代の区や自治会はいまや家と村共同体だけを社会化の単位とする強固な閉鎖的組織ではない。…（中略）…多様な個人や集団の要求を取り込まねば部落や市町村の公共性の形成はできない。公共性の形成に参加する人々が拡大したのである」(同上書：219)。自治会会員ではなくとも「住民」である限り、命の砦としての地域社会に生活しているわけである。もちろん、個の側の地域社会へのコミットメントも課題となる。

このような課題をふまえ、「内生的活動」すなわち共同性を具体的な形でみることのできる方法を検討する必要がある。

2.2　村落的共同性をとらえる

集落における「共同性」の指標は、経験的におかれており、共同作業への参加のあり方に共同性をみようとしている傾向にある。

庄司俊作 (2012) は、「農業集落の形態とむらの共同性との関係」(庄司　2012：107-108) を統計データにもとづいてとらえるなかで、集落の共同作業として「農業用排水路溝浚い」「一般道の道普請、農道の道普請」(同上書：108) に注目している。これらをおこなわない（管理責任も負わない）状態を指して、「むらの共同性の弱さを読み取ることができる」(同上) と述べる。

また、永野由紀子 (2011) は、大字＝自治会を範域とする地域社会

第1章　村落的共同性と地域社会

を事例に「ムラの共同性の変化と連続」(永野　2011：302-306) をみるなかで、区費の納入状態、総会・常会・共同作業への出席率に注目している (同上書：303)。年間4万8千円にのぼる区費の完納状態や共同作業等への出席率の高さをもって、調査対象地である「宝谷の共同性は、今日まで連続してきた」(同上) と解釈している。

　時代をさかのぼってみてみると、1955 (昭和30) 年の臨時農業基本調査をふりかえって検討されているのは、「農業集落の共同体的機能」、具体的には「隣保共助的機能」に関するものである (農業集落研究会編　1977：15)。とくに共用林野、農業水利、各種共同施設がとりあげられている。共用林野については、その収益が、公民館や共同作業場の建設、農道・溜池、水道の新設に貢献したことが指摘されている (同上)。このように収益につながる林野の管理が、集落にとって重要であったのは当然である。農業水利については、いうまでもないであろう。零細経営の「多くの農家は依存関係をもっていて、完全な自己完結型の経営者が少ない」(同上書：17) なかにあっては、共同施設も、ゆいなどの相互扶助も必要なものであった。

　これに先立ち、明治二、三十年代の「部落規約」にも同様の内容がうかがえる (竹内利美　1955：638-642)。「農耕・用水・共有山・道路修理その他協同仕事の役務等、村落協同生活上の主要慣行を、新しい情勢のもとで再確認し、自己の集落内の協同に関することは、住民自体の総意で自律的に処理していこうと意図している」(同上書：642) ものである[6]。歴史的意義は異なりながら、内容としては、近世における「村法」「村極」の伝統をうけ継いだもので、類似しているという (同上)。

　そして、百年以上もたった現在。2010年世界農林業センサスの「農山村地域調査票」(農業集落用) のなかにある、農業集落内における「寄り合い」の議題を問う項目をみてみよう。選択肢としてあげられてい

39

るのが、「農業生産にかかる事項」「農道・農業用用排水路・ため池の管理」「集落共有財産・共用施設の管理」「環境美化・自然環境の保全」「農業集落行事（祭り・イベント等）の計画・推進」「農業集落内の福祉・厚生」である。これらの「寄り合い」の議題を、農業集落における「共同性」をあらわす具体的な内容としてとらえることができる。そして、上述の臨時農業基本調査や部落規約の内容との重なりは、農業を営む地域における「共同」は、超時間的なものとして措定されていることを意味している。さらに、農業集落における自治会活動の内容とも重なるものなのである。

2.3 「共同性」の変容

そのような共同作業も、減少していることが指摘されている。

鳥越皓之（1994）は、地区（部落）住民の相互扶助が「道普請、橋梁の修理、共有山林の手入れ、水利、用水溝・用水堰の修復、消防、衛生、屋根葺、葬式の手伝いなど多岐にわたっていた」（鳥越　1994：119）ことを指摘し、くわえて雨乞いなどの共同祈願もあげている（同上）。しかし、「市役所などの行政機関による財政的保障と住民サービスの強化」および「農作業の減少」、さらに「農家の第二種兼業化」と「農家自体の減少」によって、共同作業、共同祈願も減少したという（同上：120）。すなわち、集落結合の構造的基盤の変化が、共同性のあり方に影響したと考えられる。

もともと共同作業は、労力提供という形で「一種の義務として、ムラの全員に賦課されてきた。村人足・村夫役・義務人足・村仕事・村普請・出役・ムラモヤイなどとその名称はいろいろだが、こうした無償の労役提供は仲間生活保全のため当然のものとされ、多くは村規約にも明記されて」（竹内　1984：263）いる。「村落協同生活の運行には、ムラの割賦金（区費・部落会費）の負担より、こうした労役提供のほ

第 1 章　村落的共同性と地域社会

うがむしろ重視され、違反者（欠勤者）に対する罰則も、村規約に明記してあることが多」（同上）いほどの重みをもったものだったはずである。

　超時間的なものとして所与であった共同作業も、誰にとって／何にとって必要かと問うことが、集落に求められているのかもしれない。とりわけ何を重視しているかは、その地域の自治の歴史にも関連していると考えられる。

　第2章に示されているように、篠山市の全自治会長260名を対象におこなった質問紙調査（2009年1月〜2月郵送法。有効回収221票・84.6%）における「今後、あなたの自治会が自ら責任をもって取り組むべきだとお考えの活動は何でしょうか」という設問で、もっとも多かったのは、「一斉清掃活動」（150自治会、68.2%）であった[7]。この「一斉清掃活動」というのが、篠山市の各集落においては「村用」（日役・村役）と表現される中心的な活動である。具体的には、集落内の道路わきや土手の草刈り・清掃、地域によっては耕作放棄地の草刈りなども含まれる。このように、自治会において重視される活動は地域によって異なり、自治文化を反映していると考えられるのである[8]。

　以上をふまえ、「村用」という共同作業のあり方に「共同性」をみることによって、地域社会の維持・存続の可能性と課題とを探っていきたい。そのために、共同性に影響すると考えられる構造的基盤のあり方をとらえるために、①共有山林、②農業者たち、③自治会の新住民への対応、④自治会活動（集会、自治会費・協議費、地域行事）とそれへの参加の状況に注目していく。

3. 篠山市の地域社会

3.1 共有山林のあり方

　村用などの共同作業の担い手の確保もままならなくなっている危機的状況にある集落の対策として、集落にとどまらない地域連携は、当然の解決法として想定されよう。一集落で担い手確保ができなくなった集落では、隣接する集落と共同して、村用のひとつである「道づくり」（道路わきなどの草刈り・清掃など）をやっている場合もある。しかしながら、このような協力関係にあるといっても、隣接自治会同士が合併して、地域課題に対処していくという方法をとることには限界があるのが農山村集落の特徴である。おもに当該地域で生まれ育った「地つき」の住民が管理運営を担ってきた神社・祭祀の問題や、山などの字・集落共有財産の問題が背景にあることが自治会長から指摘された。

　とりわけ篠山市の山林は、個人所有のもののほか、隣保（隣組の範囲。地域によって組、班と表現される）の共有、集落の共有、隣接複数集落や小学校区の範囲での共有、そして旧町村の範囲での共有といったように所有・使用関係が複雑に入り混じっている。このような山林の管理帳簿をつける役割を自治会長の多くが兼任しているのである。これは、自治会長が「総代」（部落総代）と呼ばれていたころの名残としてある業務のひとつといえよう。

　自治会長によれば、篠山市においては、薪・木炭などの生活資源を提供していた山林が多かったという。それが、木材や松茸を入札するようになってから状況が変わったという。山の資源力は馬鹿にならず、松茸がとれていたころは、その収入で集落中の世帯の新聞購読費用をまかなったり、親睦旅行に出かけていたほどである。ところが、松茸がとれなくなってからは、山林の手入れも行き届かず、山林をもてあ

ました自治会では、「山を市に引き受けてもらいたい」との声もあった。

　他方で、ゴルフ場の賃料や鉄塔設置などの補償金が自治会収入となっている地域もある。また、ゴルフ場や住宅団地に共有山林を売却した場合、売却先企業から自治会協議費[9]を徴収していると「けっこうな自治会収入になる」という。「もともと誰が管理していた山のおかげで自治会予算が潤っているのか」（自治会長談）という点に立ち返ったとき、自治会の合併も難しくなるわけである。同時にこのことばは、自治会のメンバーシップにおけるＩターン者の位置づけにもかかわってくる。

　さらに自治会資産の有無は、自治会間格差、地域間格差の背景となっている。問題は、資産があるからといって人口が増えるわけではなく、資産が自治会合併にとって壁となり、共同作業の担い手確保につながらないまま危機的状況が打破されないことにある。自治会合併までいかなくても、地域社会の弱体化防止のために自治会同士の協働が必要な時期になっていよう。

　自治会における担い手の絶対的不足を補うために、小学校区内の自治会や地域住民組織が協働する地域連携の母体として、まちづくり協議会がある[10]（第２章、コラム３）。ところがまちづくり協議会という枠によって単位自治会同士が連携したとしても、上述の理由から、こと祭祀や山林管理について連携できないというのが現状である。

　このことは、小学校区を範域とするコミュニティが、まちづくり協議会という形で制度化されたとしても実態化することの難しさを意味する。「実態としてのムラ」（岩本由輝）は、集落の範域にとどまっており、「制度上のムラ」（岩本由輝）を創設したとしても、当初は限定的にしか機能しないことを意味するのである。「制度上のムラ」が実態化するには、仕掛けと時間が必要である[11]。

3.2 「農業者」たち

では、集落の共同管理を必要とする農業の状況はどうであろうか。

篠山では黒豆が特産物として有名である（コラム1）。集落によっては、自治会を主体とした観光イベントとして、黒豆の栽培や収穫などを体験させる地域活性化事業を展開しているところもあった。また、農地の後継者としての定年帰農者もおり、その多くはUターン者である。Uターン者によって、集落維持がはかられているともいえる（第3章）。

とはいえ、篠山市全体としてみれば、獣被害とともに耕作放棄地の問題が大きい。耕作放棄地とならないように、集落営農[12]による稲作の受委託がみられるほか、認定農業者への委託、農業法人への委託もみられる。したがって、「田んぼをもっていても、実際に自分では農業をやっていないので百姓とはいえない」と述べる自治会長もいた。

「山に入らなくなって山への関心が薄れる」（自治会長談）のと同様に、農地に入らなくなれば、農家であっても農業者意識が薄れるのは当然である。しかし、田の様子、水の様子が絶えず気になる就農者とは異なりながらも、農地所有者としての責任が集落の共同管理に向かわせると考えられる。農地のある集落では農業にかかわる組織があり、たとえ百姓とはいえなくても、住民は農家としての役割を果たす形で地域とかかわらざるを得ない。そして、当然のことながら農業関係の組織は自治会とは別になっているが、地つきの住民、とりわけ農家は、販売農家であろうが、自給的農家であろうが、両者を区別してかかわっているわけではない。

他方、新住民にとって地域組織とは自治会である。自治会の成りたちのみならず、農業用用排水路周辺の共同草刈りなど、農業地域ならではの活動が含まれていることにとまどう新住民もいよう。地つきの住民にみえている地域社会と、新住民にみえている地域社会とが異な

第 1 章　村落的共同性と地域社会

るのである。

3.3　みえない地域社会

　このような様相を示している地域社会において新住民（I ターン者）にどう対応するかは、地域課題のひとつでもある。実際に、集落の神社にまつわる祭りの協賛費を自治会で徴収するかしないかについて検討した結果、新住民の存在を考慮して一律徴収をしなくなった自治会もある。

　自治会長および自治会の役員層の多くは地つきの男性住民、あるいは地元出身の男性 U ターン者から選ばれている（第 3 章）。彼らによって、新住民にはみえない規範のもとに地域社会が運営されている場合もある。「みえない規範」は、何十年と篠山をはなれて戻ってきた U ターン者にもみえづらく、みえたときには、それが奇異にうつることもあるようである。それでも「みえない規範」を変えていくことは難しいという。

　「みえない規範」のみえる形は、自治会規約である。

　自治会長への半標準化調査の結果、2010（平成 22）年 1 月時点での回答（47 自治会）のうち、規約あるいは運営規則を作成していたのは 23 自治会であった。なかには「明治期に作成したもの」「旧住民だけが住んでいた時代のもの」「30 年前につくった」というものが含まれている。改定予定であるという声も 6 自治会からあった。「口伝え」という自治会もあり、明文化を検討中、あるいは新たに作成予定であるという回答も 5 自治会からあった。

　すでに規約の中身はできていても、「長老の反対」などによって施行できずにいる場合や、「慣習で運営しているので、作成の必要はない」と述べる自治会もある。

　他方で、新住民が多いところでは、権利・義務関係をはっきりさせ

るために作成している傾向にある。この権利・義務には、集落の共有山林の受益権および管理義務の新住民への開放状況も含まれる。共有山林（部落有財産）・財産区の権利を獲得することを「村入り」と表現している集落もある。そのような集落であっても、新住民は権利者として想定されていないことが多い。

　また、規約があってもそれを住民全員に配布しているかというと必ずしもそうではない。

　さらに、2009年1月～2月にかけておこなった自治会長への質問紙調査では、総会の議事録を作成している自治会は、回答220自治会のうち103（46.8％）とおよそ半数であるが、そのうち全文を各戸配布しているのは31自治会（30.1％）であった。「一部のメンバーしか見ることができない」自治会は15（14.6％）あり、「その都度公開を判断する」という回答も16（15.5％）あった。また、自治会規約を自治会ホームページに掲載したいという自治会は、17（33.3％）あり、実際に、すでにホームページに掲載している自治会もあるが、全体からみればわずかである。

　役員になることもなく、総会出席もしない新住民にとって自治会活動は、「みえない」ものになっていることがうかがえる。みえない者同士がひとつの地域社会を形成しようとするとき、お互いをみえる存在にすることから始めなければならない。まして自治会に入会しない新住民にとって、地域社会の実体化は遠い。

3.4　自治会のあり方と参加

　篠山市の自治会をめぐる諸相については第2章に譲るとして、自治会の具体的なあり方をみておきたい。篠山市において「自治会」が統一名称になるまでは、自治会長に相当する役職も、「町内会長」「部落総代（総代さん）」「区長」と旧町ごとに異なる名称であった。「総代」「区

長」といった表現からも、農村的自治のあり方が基盤となっていたことがわかる。

　原則として自治会メンバー全員が集まる自治会の集会としては、毎月定例の常会と、年に1回が基本の総会とがある。前者は、「集金常会」といわれることもあり、かつては各戸の税金の徴収もおこなっていた。現在は、自治会費や協議費等の集金の場であるほか、広報書類などを組長（隣保長・班長）等に配付したり、行事日程の確認などをおこなう場となっている。自治会によっては、毎月の常会は煩雑だということで、総会時などにまとめて集金し、年度はじめに行事日程を確定して配付してしまい、常会を廃止したところもある。他方で、常会開催を重要視している自治会もあり、そのような自治会では常会への参加率は高い。そして、以下のようなことばも聞かれた。

　「常会は毎月25日。25日はどんなことがあっても留守できない。常会には（全員が）必ず出てくる。それが当たり前。出なかったら非難されるんですよ、むしろ。」（戸数20～50戸・農家率80％・人口維持状態・独居高齢者あり・小学生あり）[13]

　ほかに組長・隣保長（班長）の集まる組長会・隣保集会や、三役（会長・書記・会計）をはじめとする役員の集まる役員会がある。定例ではないが、役員が随時集まっている自治会もあった。

　当然のことながら、新住民を排除している自治会はない。しかし、新住民の参加のあり方は、さまざまである。たとえば、二地点居住をしている住民が自治会行事に参加し、親しげに談話し、酒を酌み交わしている自治会もあれば、他方で「いくら呼びかけても行事に参加してくれない」と嘆く自治会もある。とりわけ、賃貸アパート居住者は自治会に入会さえしないという。

他方で、今ここに住んでいる新住民にとって遠い自治会も、篠山市を離れて住む子世代たち他出者には近いものとなっている。自治会長が、常会の議事内容を他出者にも伝えているのである。行事日程が知らされることにより、他出した子世代は、行事に参加するために戻ってくる。自治会側ではそれを期待しているわけである。このことは、現居住者のみをカウントした自治会の規模が問題なのではないことを示していよう。他出者も自治会メンバーなのである。このことが地域課題となりうる含意については後述するとして、徳野貞雄（2007・2014a・b・c）や山下裕介（2012）が主張している集落における家族機能、すなわち他出子の役割は、ここ篠山市においては集落維持の前提として当然のこととなっている。
　このような住民の属性・住まい方と関係しているのが、自治会費および先述した協議費の徴収の仕方である。
　自治会費と協議費とは、自治会によって同一に扱っているところと、別扱いにしているところがある。また、上述したように共同募金や祭りの協賛金などの寄付金を自治会費のなかに含めて徴収している場合と、そうでない場合とがある。「自治会費のなかに含まれていれば、その都度徴収されるよりも面倒でなくてよい」とする住民がいる一方で、募金などが個人の意志とは離れて一律に支払われることに抵抗を示す住民もいる。
　この自治会費の徴収と地域における住まい方、そして次節で述べる「村用」への参加のあり方との関係をみてみるとつぎのようになる。
　ミニ開発の住宅地や賃貸アパートに住む新住民は、自治会に入会していれば、当然のことながら自治会費徴収も村用もある。注目されるのは以下である。住民票も他所へ移している完全な空き家・廃屋、あるいは親族がたまに来訪する空き家の場合も自治会費を徴収しているのである。だが村用義務はない。住民票を残しており、盆・正月時に

帰省するが普段は留守宅、あるいは週末や月1回程度帰省している留守宅の場合は、自治会費の徴収も村用もある。そして子世代の場合、別棟敷地内同居のほか、市内移住、周辺都市移住、遠隔地移住といった他出形態にかかわらず、自治会費を親世代から子世代分も徴収しており、子世代には遠隔地に移住していたとしても村用義務がある。

　たとえ当該地域に居住していなくても自治会費を支払い、村用に参加していることは興味深い。空き家であっても建物がある限り、地域がその家や屋敷地の面倒をみているのだという意識があることがみてとれる。また、同一世帯になくとも、また親世帯と子世帯との物理的距離に関係なく、親世帯が子世帯の分の自治会費まで支払っていることは、注目に値する。物理的距離に関係なく、子世代（後述するように、子とは長男を意味する）は、その地域の住民とみなされるのである。すなわち、親世代の住む実家がある限り、子世代も地域住民である。

　同時に、親世代と子世代とが世帯分離していれば、おのおのの世帯が自治会の構成単位となっていることを意味する。さらに、地域社会住民という観点で子世帯を位置づけると、親世帯の居住する「在所」という帰省先の地域社会にも、他出移住先の地域社会にも、どちらに住民票があろうとそれぞれの地域社会に住縁のある住民なのである。

　では、先述したように自治会間に壁をつくっている祭りについてはどうであろうか。

　担い手がいなくなって廃止したところや、参加資格を子どもなどに拡大して地域の住民同士の交流機会としたところ、内容を簡略化するなどの変更をしたところも増えているようである。実際、2009（平成21）年1月実施の質問紙調査結果でも、「廃止したお祭りや伝統行事がある」自治会が11.8％、「内容の変更」をした自治会は24.6％となっている。

　ただし行事として残っているものについては、自治会によってはか

なりの参加率となっていることが、つぎのことばからうかがえる。

> 「風習があるんだよ。正月は新年宴会、お盆だったら夏祭りをやるとか、そういう行事が（ある）。長男だったら（その行事を）つとめないとあかんわけですね。（他出していても）帰ってきて、必ず、村の行事に参加すると。」（同上）

　伝統的な行事以外のイベントとしては、集落内交流型と外部発信型がある。前者では、定住者が帰省した他出者の「接待をおこなう」ことや、逆に他出者が主催側として労働供出している場合もある。後者は、農村 - 都市間交流を目的としておこなわれており、農業活性化を目的としたものもある。

　葬式の手伝いのあり方をみてみると、これまでは「株」（同族）や「隣保」（組）でおこなっていたが、他の地域と同様、篠山においても、現在ではかなりの部分が葬祭業者によっておこなわれるようになっている。それでも集落住民が手伝いに入るため、業者とのあいだで役割分担に関して調整が必要な場合もあるほど、葬式は重要な集落行事として維持されている。とはいえ、新住民は自治会会員であっても葬式の手伝いの担い手としては期待されていない。

　篠山市の自治会は、以上のように農業集落的な慣習によって運営されているという性格が強い。集落自治的側面と自治会自治的側面との二重性をもっている地域社会では、地つきの住民は集落民でもあり、自治会メンバーでもあるという両義性のなかにおかれる。そして、他出子も自治会を構成しており、同時に「イエ」的に集落を構成しているととらえることもできる。長男子は他出していたとしても、「イエ」に包摂される形で実家のある集落を構成しているのである。

　逆に自治会メンバーだけれど集落民ではない・集落民にはなれない

新住民に目を向けると、「地域社会」のメンバーシップが一律の状態にないことがわかる。新住民には、(「地域」における居住者としての）義務はあるけれど、権利がないという状況も生まれるわけである。このような形で新住民は自治会のメンバーとして「世帯」を構成している。

4.「村用」への参加

さらに、地域社会の自治の枠組みの二重性が如実にあらわれるのが、地域社会の共同性を体現している村用への参加のあり方である。現在、篠山には村用といわれる範疇のものとして3種類がある。

1つは、市から委託されたものや県の事業としておこなわれるものである。河川や集落内の主要道路沿いの清掃や草刈りなどがある。たとえば、「農地・水・環境保全向上対策」（当時）の共同活動支援交付金がおりると、この事業に関する村用には、日当がつく。この日当支給によって、「（村用も）もう村の仕事やないな。事業をやっているっていう感じ」という自治会長のことばは、村用の性格が変わったことを意味している。

2つめは、集落独自のものである。集落内の道・墓・神社・寺院・公民館の清掃や草刈り、宮参りなどが含まれる。これには日当はつかない。集落ではこの活動が中心となる。

そして3つめは、共有山林の草刈りや枝打ち・間伐である。ただし、この作業を村用でおこなっている集落はほとんどなくなっており、多くは業者委託しているか、あるいはもう山林に入ることをやめている。

これらの村用は、篠山市の場合、自治会としておこなうもの、集落としておこなうもの、自治会に入っていようがいまいが、住縁としておこなうものとに分かれている。それぞれに要請される参加者が異

なっているのである。参加の範囲は、当該地域の住民のみならず、他出者を含む場合と含まない場合とがある。また、新住民を含む場合と含まない場合とがある。下記のように、共有山林にかかわるようなものは、新住民に権利が発生しないため、通常、新住民は参加しない。

「空き家に人を受けいれるときは、同じように隔てなく村の活動にもはいってきてほしいと思うが、共有林とかの関係で難しい。最初の1～2年は権利がないのに村用に出てくれる。村には＊＊の補償金があり、それを全戸の仕事に使うということで、それを使って下水道を引いている。新しくはいった住民にはその権利がない。そのことがわかると次第に村用に出てくれなくなる。」（戸数51～100戸・農家率70％・人口自治会内地域差あり・独居高齢者あり・小学生あり）

また、新住民にすれば、檀家や氏子ではない寺社の清掃や、先祖の眠っていない墓の清掃については、やる意味を感じないであろう。
　一方、当該地域に住んでいないながらも、家族メンバーとしての意味と、地域メンバーとしての意味との両義性をもった他出者は、村用参加メンバーとして当然の存在になっている。

「村の人からは『前もって村用（の日）を教えてくれ。息子を帰らせるから』といわれている。」（戸数101戸以上・農家率40％・人口維持・独居高齢者あり・小学生あり）
「川刈り（土手の草刈り）は重労働なので、男性の力がいる。それで、3年前＊＊（東北地方）に単身赴任していた男性にも頼んで帰ってきてもらっている。（略）帰ってきてくれた。ここに家があって、いつかは帰ってこようという気があったり、親がお世話になって

と。そういう意識があって村のおつき合いはせなあかんと。(略)代々で人間関係ができている。」(戸数 20 ～ 50 戸・農家率 50％・人口維持状態・独居高齢者あり・小学生あり)

　地域に居住している限り村用に出る必要があるが、高齢などの理由で自身が出られない場合は、他出子を参加させることになる。他出子は、地域メンバーとしても欠くべからざる存在である。

「金で済ませてくれーでは、作業できひんから、どんなことがあったかて、息子呼び戻してでも、(村用に) 出てくれーいうて、お願いはしとんねんけど。」(戸数 20 ～ 50 戸・農家率 90％・人口減少状態・独居高齢者なし・小学生あり)

　ということばは、村用に参加できない場合の出不足金(村用への不参加料)を徴収しないのかと問うたときのこたえである。他にも、「金ですまされては困る」という理由で出不足金を徴収しない集落が複数あった。他方で、定住民からのみならず、他出者からも徴収している集落もある。とくに、挙家離村していても土地だけ残している場合、そこの草刈りは当該地域の住民がやることになる。したがって、世帯メンバー全員が当該地域から転出していたとしても出不足金を振り込ませているという。
　このように自治会が、地域社会(自治的共同性)を実体化させているとはいえ、実際のところ、高齢化や人口減少により現住人口だけでは地域を支えきれなくなっている。そのような状況のなかで、他出者をつなぎとめる形で村落的共同性を維持しているわけである。これは、「今現在の」地域維持には有効に機能しているといえよう。
　家・屋敷が残っている場合、いつか戻ってきてくれるかもしれない

という期待が、地域にはある。他出者も潜在的集落メンバーとして地域にかかわりつづけている。さらに親世代が残っている場合、村用を契機に家族に戻ることが、結果として地域に戻っていることを意味している。もし、親がいなくなったら、地域には戻らないかもしれない。

　山本努（2013）は、「高齢者減少」型過疎に警告を発し、Ｕターンやｊターンの理由として、「親のことが気にかかるから」「土地や家を守るため」といったことがあげられる割合が高い（山本　2013：78・104）ことを背景に、「地域に親（＝高齢者や実家）がいることの意義（積極的機能）を示唆」（同上書：35）する。篠山の集落を支えている要因としても、これはあてはまる。還流人口を再生産していくためには、他出子の地域へのつなぎとめとともに、親世代が地域にとどまることも重要なのである。

　ところが、多くの地域で聞かれるように、篠山市でも独居老人が最期を自宅で迎える例はほとんどないといってよい。独居の場合、いくらがんばっていても最期がみえてきたときには、入院するか、都市在住の子どものところに移り住むことになるという。したがって、当該地域には空き家が残ることになるのである。

　そうなったときには、二地点居住者にも期待がかかる。

「ずっとおってくれへんだら、あれや、そのとき（村用のときだけ来る）やさかいに、村の役には何にもたたへんから。日々おってくれてこそ、また役やらもしてほしいねんけど。」（同上）

　日常的に地域にいてほしいという声は、世帯数の少ない、人口減少傾向にある自治会にとっての切なる願いである。上記のことばは、自治会役員就任への期待がこめられたことばであるが、定住を願う理由はそれだけではないであろう。防犯・防災、福祉などの命の砦として

機能する地域社会の担い手にたいする期待である。今ここにある命を守ることは、今ここにいる者にしかできない。

5. 地域を大切に生きること

　共有林等の管理の担い手が減少し、「地域のコミュニティ活動を支えるはずの物的基盤管理が、逆にコミュニティ活動を一定地域内に制約するという」(広原盛明　2011：456)現象が起こっているのが篠山市である。広原が批判する「『ナカミ』に合わせて『イレモノ』をつくるという本来の関係が、いつの間にか『イレモノ』が『ナカミ』の変化を規制するという逆転現象」(同上)ともいえる。ただし、解体的な状況にある地域社会には、コミュニティ生成のきっかけが必要となる。「ナカミ」が醸成されるまで、「イレモノ」を担保しているのが篠山市であるとも評価できるのではないだろうか。課題は、地域社会が完全に解体する前に「ナカミ」を醸成することにある。

　篠山市には、地域を大切に生きてきた定住者たちがいる。自治会長をはじめとする地域リーダーたちもそうした人びとであり、ふるさとの文化の守りびとといった側面がある。それは、第3章や第4章にも明らかである。それがなければ、若者の目にもIターン者の目にも、篠山市が魅力的に映ることもなかろう（第6章）。

　ここで篠山市の農業・農村・農的生活のゆくえにふれておきたい。なぜなら、農家なき農村や、農業者のいない農村が生まれつつあるからである。自分で農業ができなくなり、委託する農家が増えてきたことは先にふれた。たとえ農業者の数が減ろうと、農地がある限り水利や農道の管理は必要であり、そのために農村が維持されているといってよい。

　2009年1月実施の質問紙調査の結果をみてみよう。

「次世代に伝えたい小学校区の魅力（複数回答）」として、1位に「自然環境や自然景観」(83.2％)があがっており、2位に「祭りや伝統行事」(68.6％)、6位には「農林業」(36.8％)があがっている。そして「小学校区の重要な課題（複数回答）」としては、1位に「高齢者支援」(63.2％)、2位に「耕作放棄地の管理」(63.2％)、3位に「小学校の存続・統廃合」(63.2％)があげられている。地域として、農林業を基盤とする農村としての課題が重視されているといえよう。それは、農村的な自治の蓄積が、地域自治の基層をつくっていることを意味する。まだ、農村的価値観を住民に内面化させる機能、すなわち地域における社会化機能が生きている状態といってよいのではないだろうか。

　しかしながら、農村－都市関係が変動しつつある現在、孫世代にとって篠山市はふるさとではなくなっていく。他出しても村用に戻ってきているのは、他出していながらも農村的生活文化を身体化させている子世代である。はたして孫世代までそれがつづくだろうか。そうしたときに、農村生活に価値をおく都市生活者をいかに定住者にするか。そして孫世代による隔世代Uターンの可能性はどこにあるのか、について考える必要がある。現に第5章や丸山集落（コラム9）の例にみられるように、自治会のみならず地縁型のNPO[14]にもその可能性を展望することができよう。そこに住んでいない者だからこそみえる篠山市の魅力があるのである。

　地域社会の集落自治的運営にかぶせる形で自治会自治の枠組みが制度的に地域社会の自治を実体化させているかの様相を示している一方で、集落的自治に自治会自治がかぶっていることによって、みえない住民、はじき出されている住民がいることを指摘してきた。共有林等の集落有財産を開放できないならば、新住民を地域の担い手とするために、集落・自治会ではない「地域」を現出する枠組みの可能性について検討していくのもひとつの方法かもしれない。

たとえば、篠山市内には、小学校区ではなく、内発的に組織された集落単位の「まち（里）づくり協議会」がある。独自に地域振興策を考えるなどしており、自治会の補完的な意味をもつ組織でもある。なかには、校区単位のまち（里）づくり協議会に先立って組織化されたところもある。

　「自治会の活動がさびしくなった分だけ協議会が盛り上がってきた。みんな積極的に参加している。（中略）協議会と自治会の集まりでは出席する人の顔ぶれが違う。集会は世帯主（男性）が多いが、協議会でおこなっている作品づくりや花植えには女性の参加者が多い。」「協議会の活動内容については、最初、役員で決めていたが、だんだん女性の声が多くて、集まって何をするかというと女性の意見を聞く。力仕事は男性、意見は女性という感じ。（最初は）作品づくりもアイディアも男性が多かった。（しかし）作りだすと女性が多くなり、女性中心になった。」（戸数20〜50戸・農家率50％・人口維持状態・独居高齢者なし・小学生あり）

　篠山市の自治会長に女性はいない。役員への女性の登用は増えつつあるが、大半は男性で占められている。そのような旧来からの状況が変わったときに、新しい展開が生まれるのかもしれない。その可能性がみられるのが、上記の例である。

　他出者が村用に戻ってくるときに、その妻も同行するか。そしてＵターンを決めた夫に妻もいっしょに転居してくるのか。必ずしもそうではない。篠山市に戻ってきた女性は、篠山市出身である例に多く出あっている。篠山市に縁がなくても、夫とともに戻るのが楽しみであるような地域であることが肝要であろう。そういった地域社会ならば、新住民にとっても魅力的なはずである。

近世村落共同体が明治の近代化とともに変容するさまを中村吉治は、「幕末から明治にかけて、それ（筆者注：村落共同体の崩壊）は進行する。明治の近代化である。そこになお、多くのものをのこしながら、それもまた意味を変えていくのである」（中村　1971：190）と述べている。それは、家と家とを結合させている共同の契機が変わってきたことを背景とした指摘である。現代における篠山の地域状況を近世から明治期の変動期になぞらえてとらえることは乱暴かもしれない。しかし、新住民と地つきの住民たちとを結合させている共同の契機は、集落自治的なものではなく、福祉機能ももった命の砦としての生活縁である。それは、基層に自治の蓄積があるからこそ、機能する可能性が高いことを強調しておきたい。

　篠山市の多くの地域社会において大事にされていることは、鈴木榮太郎（1969）の「村の精神」の説明を彷彿とさせる。村のなかで個人は行動している。ある個人の意志は純粋に個々人の意志だけでなく、「遠き過去からの計り知れぬ多くの村人につながっている」（鈴木1969：107）個人意志である。したがって、「私等はそこに時代時代の個人たちを縦にも横にも貫いている一個の精神の存在を認めざるを得ない。それは生活のあらゆる方面にわたる体系的な行動原理である」（同上）。鈴木のいう、超個人的で、超時間的な生活の蓄積にもとづいた行動規範があることを集落住民は体感しているであろう。

　そして重要な指摘は、「精神の示す行動雛型を無視し拮抗」（同上書：124）する集団や個人があらわれ、村の精神は「発展」するというものである。盤石な精神は多少の揺さぶりで大きく変わることはない。むしろ時代に適合した「発展」をのぞめるのではないだろうか。多くの地方社会は、そのような自治の歴史文化の上に成りたっている。

　ただひとつ留意しておくことがある。歴史と文化を大事にしてきた広島県福山市鞆町における聞きとり調査の談話として、「結婚して何

十年も経つ女性でも、『あの人はヨソからお嫁に来た人だから』と、まるで鞆の問題に意見を述べる資格はないかのような言われ方をすることがしばしばある」(藤井誠一郎　2013：38)というものが紹介されている。女性のみならず、若者とて同様であろう。「地縁団体の多くは参加単位を『家』としていることから、その『家』の代表者以外の個の意思は、意思形成過程からは取り残されていく傾向にあるともいえる」(同上書：52)のである。地域において重要な役割をはたす他出子とて意思決定権をもっておらず、臨時住民でしかない。まして、新住民は臨時住民ではないにもかかわらず、「お嫁に来た人」以上の存在となっていないのである。

　「『よそ者』をコミュニティへ融合させることで、開放的なコミュニティへ向けた取り組み」(同上書：46)をおこなうことは、ここ篠山市においては喫緊の課題である。歴史ある地域が多様な属性の意思決定者を含みこんだとき、カウンター・ポリティクスの母体となりうる地域力をとどめた成熟地方都市が可能となるのではないだろうか。

【注】

1　本章では「集落」という表現と「地域」という表現を分脈および含意に応じて使い分けている。おもに農業集落の範囲や農村社会における慣習・文化・制度などの側面を含意して述べる箇所では「集落」を使用し、それをこえて、あるいは集落を含む、一般的に「地域社会」に適用できる内容を含意する際には「地域」を使用している。したがって本章で使用する「集落」は、単に「家々がかたまっている」景観的集落を指すのではなく、「家を単位とした人びとの生活連関があり、その生活連関を支える組織が」ある「村落」(鳥越皓之　1993：70)を表現するものである。「ムラ」や「むら」、「部落」とも意味上の齟齬はなく、必要に応じて、あるいは現地で使用されている表現に応じて、これらの用語を使用する。「村落」とあらわさずに「集落」としたのは、篠山市公式サイトにおいて「農業集落」「集落」という表現が一般的に使用されているということも理由

のひとつである。
2 　永野由紀子（2011）は、「日本のムラは、都市の町内会とは異なり、農地と屋敷地を代々継承する世代連続的な世帯から構成されている。こうした超世代的な生活組織は、単なる世帯ではなく、イエという概念で表現するほうがふさわしい」（永野　2011：306）と述べている。
3 　本章においてとくに聞きとり年月を記していない聞きとり内容は、この調査によるものである。調査結果の全体像については、杉本・藤井（2010）を参照されたい。
4 　本章は、藤井和佐（2010）を大幅に加筆修正したものである。
5 　「自然的集団」および「行政的集団」は、鈴木榮太郎の後期の論稿にもとづいた、「行政的集団が自然的集団に転化し、質的な変容を遂げるという動態的な見方をより強調するようになった」（山崎　2012：432）という山崎の指摘のなかの表現である。
6 　石川一三夫（2002）は、竹内が村規約の制定を重くみた理由を、「集落というものは、行政村の設置によってすぐさま行政村化されるような脆弱なものではなく、部落共有林・地先漁場・用水慣行・神社寺院などを基盤にした結合によって生命力を維持しつづける強靭な存在であったことが、そこに示されているからである」（155頁）と述べている。
7 　2009（平成21）年10月調査時現在の篠山市内261単位自治会のうち、コミュニティセンターの建て替えなどを契機に地縁団体となっているのは14自治会であった。
8 　岡山県笠岡市内の白石島でおこなった質問紙調査における「あなたは、一般に自治会・町内会の役割とは何であると思っておられますか。あてはまるものすべてに○をおつけください。」という設問でもっとも多かったのが「行政との協働活動」（113票・12.9％）であり、2番目に「防災・防犯」（112票・12.8％）があがった。この島には自治会がないため、その役割を代替する住民組織がおもに担っている取組みや、市内他地域の自治会役割にもとづいて回答されたと考えられる。調査は、20歳以上の白石島住民を対象とした郵送法による全数調査で、2008年7月～8月に実施している。配票数631票、有効回収269票・42.6％であった。集計結果は、『平成20年度質問紙調査「白石島の明日を考えるための調査」集計結果報告』（平成19-21年度科学研究費補助金基盤研究(B)課題番号19310165「瀬戸内・中国山地の農林漁業地域に住まう女性・若者・高齢者の生活に関する経験的研究」（研究代表　藤井和佐）研究成果報告書第1輯）（藤井和佐編　2009）に詳しい。
9 　自治会協議費とは、自治会費とは別に徴収されるものであり、住民に

は「地域単位の税金に近いもの」と認識されている。篠山市内の自治会では、各戸の土地所有面積割で徴収額を決めていることが多い。かつては世帯収入別であったようだが、個人情報保護の観点から収入の記載された台帳を閲覧することができなくなって以来、各戸面積割になったという。

　この自治会協議費は、「区町村協議費」に由来すると考えられる。1878（明治11）年の地方税規則第三条に「各町村限及区限ノ入費ハ其区内町村内人民ノ協議ニ任セ」（旧字体を新字体にして記載。以下同）とある（藤田武夫　1941：94）。その決め方も地価割戸数割、小間割間口割歩合金などその他慣習による旧法を使ってよいとしており、「政府は、区町村の財政運営に関してはその協議的自治的性格を法認し、原則としてこれに干渉せざることを明らかにしたのである」（同上）。また、協議費によって支出された費用には、委任事務費のほか、治水費、道路・堤防・橋梁費および用悪水費等の土木費、虫害駆除及び猪鹿防護費、晴雨乞いの費用、防火防水費、街燈費、神社祭典費などがある（同上：95-96）。現在の集落・自治会活動とも重なる内容である。

10　小学校区単位のまちづくり協議会は、行政主導で組織化されたものである。代表が単位自治会長から選ばれ、構成メンバーも各自治会役員が中心となっているため、役員会の様相を呈している。そのため、自治会の住民メンバーにとって、まちづくり協議会は必ずしも身近な組織とはなっていない。また、自治会長をはじめとする自治会役員にとっては、行政から依頼される仕事が、自治会にたいするものにくわえて増えるかっこうになっている。このように、設置間もないころのまちづくり協議会は、住民主体のまちづくりの組織となるところまではたどりつけず、行政のとなえる協働推進のための母体的な位置づけにとどまっているところが多かった。

11　2003年2月の篠山市自治会長会理事への聞きとり時には、校区単位で共同することの困難さが語られていたが、2012年12月14日の篠山市市民協働課での杉本久未子との共同聞きとり調査では、一部のまちづくり協議会が、自治を実態化させつつあることがうかがえた。防災訓練の実施のほか、防犯パトロール隊の結成、住民移送サービスの実施、そして近郊都市部の「まち」との交流や、まちづくり協議会の範囲で学童保育のNPO法人が設立されたりもしている。

12　篠山市農林政策課（調査時現在）によれば、黒豆の収穫後の乾燥用機械の共同利用組織が多いとのことであった。農事組合法人は1集落のみで、営農組合は、みなし法人や任意団体等を含む多様な形で市内59集落

にあり、稲作関係では、田植え機やコンバインの共同利用が 40 集落ほどにあるという（2009 年 10 月 2 日）。「平成 25 年集落営農実態調査市町村別統計」によれば、篠山市の集落営農数は 40 である（2013 年 9 月 25 日公表）（「政府統計の総合窓口」サイト内 http://www.e-stat.go.jp/SG1/estat/List.do?lid=000001114614#TOP、最終アクセス 2014 年 9 月 15 日）。また 2001（平成 13）年 9 月当時は、市内全 128 集落中 106 集落に共同機械利用・共同作業の生産組合があったという（JA 丹波ささやま生産総合センター）。ただし、集落営農関係の数値については、国および各都道府県が独自に集落営農の内容を設定しているため、参考数値であることに留意されたい。
13　集落の特定ができないよう数字は概数で示し、基本情報も概要を記すようにしている。
14　都市部においては自治会だけではなく、NPO などの団体も協働相手として想定されている。篠山市には、2008（平成 20）年時点で 14 の NPO があった。そのうち 13 団体が福祉関係であり、あとの 1 つは国際理解関係である。篠山市では「村」が福祉的役割も担うので NPO 自体は少ないという（2009 年 10 月、篠山市市民協働課談）。したがって行政にとっては、組織としての蓄積のある自治会しか協働相手にはならないという側面もあるようである。

【参考文献】
相川良彦，2014，「『豊原村』研究のレビュー——問題意識、テーマ、成果」『村落社会研究ジャーナル』第 40 号，日本村落研究学会，1-9.
井ヶ田良治，1984，『近世村落の身分構造』国書刊行会.
石川一三夫，2002，「村落二重構造論の形成と展開——研究史に関する覚書」『中京法学』37 巻 1・2 号，101-250.
岩崎信彦，2013，「町内会をどのようにとらえるか」同上書，3-13.
岩崎信彦・鯵坂学・上田惟一・高木正朗・広原盛明・吉原直樹編，2013，『増補版　町内会の研究』御茶の水書房.
岩本由輝，1978，『柳田國男の共同体論』御茶の水書房.
大石嘉一郎，1990，『近代日本の地方自治』東京大学出版会.
大内雅利，2005，『戦後日本農村の社会変動』農林統計協会.
大野晃，2009，「山村集落の現状と地域再生の課題」日本村落研究学会監修・秋津元輝編『集落再生——農山村・離島の実情と対策』（年報　村落社会研究　第 45 集），農山漁村文化協会，45-87.

大野晃，2011，「限界集落」地域社会学会編『新版キーワード地域社会学』ハーベスト社，106-107．
奥井亜紗子，2011，『農村−都市移動と家族変動の歴史社会学——近現代日本における「近代家族の大衆化」再考』晃洋書房．
河村望・蓮見音彦，1958，「近代日本における村落構造の展開過程（下）——村落構造に関する『類型』論の再検討」『思想』408号，岩波書店，735-923．
栗原るみ，1991，「部落行財政の再編」大石嘉一郎・西田美昭『近代日本の行政村——長野県埴科郡五加村の研究』日本経済評論社．553-559．
庄司俊作，2012，『日本の村落と主体形成——協同と自治』日本経済評論社．
杉本久未子編，2010，『篠山市の地域力——暮らし・人・風土』（平成19-21年度科学研究費補助金基盤研究（B）課題番号19310165「瀬戸内・中国山地の農林漁業地域に住まう女性・若者・高齢者の生活に関する経験的研究」（研究代表　藤井和佐）研究成果報告書第5輯）．
杉本久未子・藤井和佐，2010，「【資料】篠山市の自治会・自治会長」，同上書，66-71．
鈴木榮太郎，1969，『鈴木榮太郎著作集Ⅰ　日本農村社会学原理（上）』未来社．
高橋明善，2014，「村落の公共性と村落研究史」日本村落研究学会企画・庄司俊作編『市町村合併と村の再編——その歴史的変化と連続性』（年報村落社会研究　第50集），農山漁村文化協会，197-246．
竹内利美，1955，「都市と村落」渋沢敬三編纂委員『明治文化史　第十二巻　生活編』洋々社，597-707．
竹内利美，1984，「ムラの行動」坪井洋文著者代表『日本民俗文化体系　第八巻　村と村人——共同体の生活と儀礼』小学館，241-296．
辻中豊・ロバート・ペッカネン・山本英弘，2009，『現代日本の自治会・町内会——第1回全国調査にみる自治力・ネットワーク・ガバナンス』木鐸社．
坪井伸広・大内雅利・小田切徳美，2009，『現代のむら——むら論と日本社会の展望』農山漁村文化協会．
徳野貞雄，2007，『農村の幸せ、都会の幸せ——家族・食・暮らし』日本放送出版協会．
徳野貞雄，2014a，「第Ⅰ部　現代の家族と集落をどうとらえるか」徳野貞雄・柏尾珠紀『家族・集落・女性の底力——限界集落論を超えて』農山漁村文化協会，14-224．
徳野貞雄，2014b，「『超限界集落』における集落の維持・存続——熊本県多

良木町槻木地区の事例から」徳野貞雄・柏尾珠紀，同上書，56-113.
徳野貞雄，2014c,「現代農山村分析のパラダイム転換——『T型集落点検』の考え方と実際」徳野貞雄・柏尾珠紀，同上書，114-172.
鳥越皓之，1993,『家と村の社会学 増補版』世界思想社.
鳥越皓之，1994,『地域自治会の研究』ミネルヴァ書房.
鳥越皓之，2008,『「サザエさん」的コミュニティの法則』日本放送出版協会.
靏理恵子，2009,「農村ビジネスは集落を再生できるか——岡山県高梁市の事例から」日本村落研究学会監修・秋津元輝編，前掲書，122-161.
中田実，2005,「地域住民組織と地域共同管理——現代日本における地域住民組織の可能性」『名古屋大学社会学論集』第26号，7-37.
永野由紀子，2011,「現代の東北農村のムラにおける共同性——山形県庄内地方宝谷の事例」『東北学院大学経済学論集』第177号，東北学院大学学術研究会，291-311.
中村吉治，1971,『新訂 日本の村落共同体』日本評論社.
名和田是彦，2009,「現代コミュニティ制度論の視角」名和田是彦編『コミュニティの自治——自治体内分権と協働の国際比較』日本評論社，1-14.
難波孝志，2014,「昭和・平成の越県合併に伴う町内会の確執と再編——長野県旧神坂村・旧山口村を事例として」日本村落研究学会企画・庄司俊作編『市町村合併と村の再編——その歴史的変化と連続性』（年報 村落社会研究 第50集），農山漁村文化協会，165-195.
日本村落研究学会企画，佐藤康行編，2013,『検証・平成の大合併と農山村』（年報 村落社会研究 第49集），農山漁村文化協会.
農業集落研究会編，1977,『日本の農業集落』財団法人農林統計協会.
野崎敏郎・福田恵・鯵坂学・池田太臣，2002,「兵庫県農村の変動と自治組織の変容——過疎化・混住化・郊外化の視点から」『村落社会研究』第9巻1号，48-59.
長谷川善計・竹内隆夫・藤井勝・野崎敏郎，1991,『日本社会の基層構造——家・同族・村落の研究』法律文化社.
長谷部弘，2009,「『村』の機能」長谷部弘・高橋基泰・山内太『近世日本の地域社会と共同性——近世上田領上塩尻村の総合研究Ⅰ』刀水書房，80-104.
東敏雄著・発行，2007,『経済学から家と村を語る』（村落研究を語る会）.
東敏雄著・発行，2009,『経済学から「家と村の教育問題」を語る』（村落研究を語る会）.
広原盛明，2011,『日本型コミュニティ政策——東京・横浜・武蔵野の経験』晃洋書房.

藤井誠一郎, 2013, 『住民参加の現場と理論——鞆の浦、景観の未来』公人社.
藤井和佐, 2010, 「村落的共同性と地域維持」杉本久未子編, 前掲書, 18-26.
藤田武夫, 1941, 『日本地方財政制度の成立』岩波書店.
北條浩・宮平真弥, 2008, 『部落有林野の形成と水利』御茶の水書房.
細谷昂, 2012, 『家と村の社会学——東北水稲作地方の事例研究』御茶の水書房.
堀越久甫, 1979, 『村の中で村を考える』日本放送出版協会.
松沢裕作, 2013, 『町村合併から生まれた日本近代——明治の経験』講談社.
丸山真央, 2013, 「『平成の大合併』と地域住民組織の再編成——新潟県上越市安塚区の事例」岩崎信彦ほか編, 前掲書, 485-500.
宗野隆俊, 2012, 『近隣政府とコミュニティ開発法人——アメリカの住宅政策にみる自治の精神』ナカニシヤ出版.
森裕亮, 2005, 「篠山市の町村合併」「再編される住民と自治体の関係」浅野慎一・藤井和佐編『都市のユニバーサリズム、ナショナリズム、ローカリズム——都市の本質的なりたちに関する基盤的研究　第2分冊　篠山編』(平成13-16年度科学研究費補助金基盤(A)(1)13301008(研究代表：浅野慎一)研究成果報告書), 24-32・33-45.
森裕亮, 2008, 「自治体合併と篠山市」浅野慎一・岩崎信彦・西村雄郎編『京阪神都市圏の重層的なりたち——ユニバーサル・ナショナル・ローカル』昭和堂, 127-146.
森裕亮編, 2009, 『平成20年度質問紙調査「篠山の地域社会を考えるためのアンケート」集計結果報告』(平成19-21年度科学研究費補助金基盤研究(B)課題番号19310165「瀬戸内・中国山地の農林漁業地域に住まう女性・若者・高齢者の生活に関する経験的研究」(研究代表　藤井和佐)研究成果報告書第2輯).
森裕亮, 2014, 『地方政府と自治会間のパートナーシップ形成における課題——「行政委嘱員制度」がもたらす影響』溪水社.
守田志郎, 2003, 『日本の村——小さい部落』農山漁村文化協会.
山崎仁朗, 2012, 「鈴木榮太郎における『自然』と『行政』——『地域自治の社会学』のための予備的考察」『社会学評論』63巻3号, 424-438.
山崎仁朗, 2013, 「地域自治をどう考えるか」山崎仁朗・宗野隆俊編『地域自治の最前線——新潟県上越市の挑戦』ナカニシヤ出版, 5-21.
山崎仁朗, 2014, 『日本コミュニティ政策の検証——自治体内分権と地域自治へ向けて』東信堂.
山崎丈夫, 1996, 『地域自治の住民組織論』自治体研究社.

山下祐介,2012,『限界集落の真実——過疎の村は消えるのか？』筑摩書房.
山本努,2013,『人口還流（Uターン）と過疎農山村の社会学』学文社.

コラム1 「農都」篠山の黒豆

　篠山市には、山の芋や栗など農産物の全国ブランドが複数ある。なかでも代表的なのが、「丹波篠山の黒豆」、品種名「丹波黒」である。「篠山地域活性化センター　黒豆の館」内のレストランでは「丹波篠山の黒豆」の煮物を食べることができ、特産品売場には、瓶詰めの煮豆はもちろんのこと黒豆ジャムも並んでいる。とりわけ、篠山市農都創造部農都政策課内に「丹波篠山黒まめ係」が設置されていることは、注目に値しよう。

　『国産大豆品種の事典　2013』（農林水産省生産局穀物課編・発行、2013年）によれば、丹波黒は「煮豆加工適性に優れ、枝豆としても評価の高い良質品種」（同書、99頁）とあり、「古くから丹波地方で栽培されていた在来黒大豆で、世界一の極大粒」（同上）であることが記されている。大豆の「都道府県別品種別作付面積（24年産：上位10品種）」（農林水産省生産局穀物課調べ）によると、丹波黒が第1位品種であるのは、兵庫県（作付面積1,509ha、全大豆作付面積にたいする割合55.9％、2位のサチユタカは19.6％）、岡山県（1,052ha、60.2％、2位のサチユタカは21.5％）、奈良県（35ha、18.2％、2位のサチユタカは17.2％）の3県であるが、奈良県の作付面積は第6位品種となっている滋賀県（177ha、3.1％）よりも小さい。

踊る'黒豆'
（撮影　藤井和佐）

　丹波黒のブランド強化のために、2008（平成20）年には、金沢和樹（神戸大学大学院農学研究科教授（当時））、全国農業協同組合連合会兵庫県本部、丹波ささやま農業協同組合、

たじま農業協同組合、フジッコ株式会社、篠山市、兵庫県が発起人となって「兵庫県丹波黒振興協議会」も設立されている。丹波黒大豆などの加工品卸小売をしている篠山城跡近くの老舗商店は、同協議会の会員で

豆畑と田んぼが広がる集落
（撮影　藤井和佐）

もある。そこのサイトに書かれている丹波黒の説明には、誇りさえ感じられる。商売人のみならず、その品質にたいする自信にあふれたことばを何人もの農業者から聞いた。栽培が楽とはいえず、反あたり収量も多くないにもかかわらず、つくっていこうという農業者がいるのである。そして黒枝豆は、春のいかなごのように秋を感じさせる関西の食文化となっている。篠山市において黒豆は、生産量としてではなく「質」としての農産物の地位を築いてきたのである。

　しかし印象に残っているのが、丹波農業改良普及センター職員による「篠山では『特産』の力が大きい。なので、脱特産も難しい」（2009年9月）ということばである。

　ある作目・品種の重点化によって、他の作目・品種に目が向かないことがある。もともと第2種兼業農家主体で特産振興をしてきた経緯から、共同機械利用等の生産組合も多かった（2001年9月、JA丹波ささやま生産総合センター）。それが、集落内における次世代農業後継者も限られ、高齢化も著しい集落においては集落営農も難しくなっている。特産品に特化した農業経営が、地域農業全体の底上げにつながらないのかもしれない。篠山市が「農都」として成熟するためには、ヨソ者を含む地域の後継者、次世代に魅力ある農業・農村、生業としての農業をいかに構想するかが鍵であろう。

（藤井和佐）

コラム2　イノシシと篠山

　篠山はぼたん鍋発祥の地である。ぼたん鍋とは、いわずと知れたイノシシ肉の鍋であるが、なぜ篠山がイノシシ肉の中心地となったのか。もともと松茸山などの入会林野をかかえた丹波一帯では、針葉樹よりも広葉樹が多く残されたため、イノシシの食料も豊富であり、肉も良質だったとされる。

　そうした自然条件のもと、近代以降、イノシシ肉文化は成熟を遂げた。明治期に町内の店（鳥幸）が取り扱ったのが商いの始まりとされる。その後、明治末に篠山近隣に軍隊（歩兵第70連隊）が配置され、イノシシ肉が滋養強壮用の食事（ないしは薬用）に出されたのがさらなるきっかけとなり、篠山一帯で消費が拡大した。

　当時の仕入れ先は約30km圏内であり、年間取扱量も100頭以下だったが、昭和30年代には冷蔵庫の導入により1000頭、その後、自動剝皮機や大型冷蔵庫などの技術革新により、4000〜5000頭以上に達した（神崎　2001）。現在では、市内の店（おゝみや）が、高鮮度維持凍結（磁力を利用した細胞、旨味の凍結技術）を駆使し、年間約2000頭を一手に扱う全国最大の販売拠点となっている。

　イノシシ肉の流通は複数の人びとによって支えられてきた。まず、イノシシを捕らえる猟師やそれを集める仲買人。その捕獲地は、丹波地方のほか、但馬、山陰にまで及んだ。集められた肉は問屋を通して、地元の飲食店や宿泊施設などの小売業に

猟期における狩猟の様子
（撮影　近藤　享）

行き渡り、さらには京阪神などの個人消費者に食された。狩猟者と小売業・消費者との対面的な売買や贈答にくわえ、狩猟者-仲買人-問屋-小売業-消費者という広域的な流通までも、「なじみ」をベースとした人的ネットワークに支えられているのである（高橋1980、福田　2013）。

店先にあるイノシシの剥製
（撮影　福田　恵）

　名物となったイノシシ肉は、「篠山」を構成する不可欠なパーツにもなっている。秋冬に収穫される農産物（松茸や自然薯、丹波黒豆など）や各種イベント（篠山ABCマラソン、デカンショ祭など）と抱き合わせることで集客の一翼を担い、また市内の飲食店や旅館などにイノシシ肉を提供することで地元の飲食業や観光業を支えてきた。ちなみに、篠山のキャラクターはイノシシを模した侍であり、町のあちこちで見かけることができる。

　このようにイノシシ肉は、篠山がもつさまざまな地域資源やイメージと連動しながら、その存在価値を再生成してきた。今後のイノシシ肉は、おそらく年々深刻化する獣害問題をはじめ、狩猟の再評価やジビエの普及、さらには動物倫理の問題など、多岐にわたる今日的課題と絡むことが予想される。篠山のイノシシ肉がローカルな性格をもちつつ、全国にどのような影響を与えるのかにも目を向ける必要があろう。

【参考文献】

神崎伸夫，2001，「イノシシの商品化と個体群管理」高橋春成編『イノシシと人間――共に生きる』古今書院.

高橋春成，1980，「猪肉の商品化――中国地方を事例として」『史学研究』149.

福田恵，2013，「狩猟者に関する社会学的研究――イノシシ猟を介した社会関係に着目して」『共生社会システム研究』7-1.

（福田　恵）

他出した子どもたちも集まる
自治会のお花見

第2章 地域力としての自治会
―― 自治会は"篠山再生"の力となりうるか

森 裕亮

自治会の地域力を引き出す拠点　篠山市役所

1. 地域力としての自治会

　本章は、篠山市の自治会の運営や活動の実態を明らかにしつつ、今後の篠山のまちづくりの中で自治会が「地域力」を発揮していく上で検討しなければならない課題を提示することが目的である。

　自治会は、特定の目的だけに限定せず、地区にかかわるあらゆる事柄を対象とするということが特色である。NPOやボランティアとはそこが大きく異なる。そうした自治会の機能面の特色は学問的には「包括的機能」と称される（高木　1961：72-73；倉沢　1998：50-51）。この包括的機能は、大きく私的機能と公的機能に分けられる（高木　1960：147）。私的機能とは、親睦とか運動会、祭礼等の行事等が該当する。たいして公的機能は、地域清掃とか防犯活動、また回覧板の回付といった活動が該当する。中でも、とくに公的機能で注目すべきは、「行政協力」機能である。「行政協力」とは、自治体行政が自治会に多種多様の行政業務の執行委任をおこない、自治会も業務執行に協力する仕組みである（森　2008：173）。こうした自治会による行政協力活動は、全国的におおむね共通しているといってよい（辻中ほか　2009：194-196）。

　とはいえ、自治会は行政協力とはべつに、それぞれの地域で自分たちのまちづくりを考え、実践してきたことも事実である（中田　2007；佐藤　2012）。自治会は過去から、その行政協力機能のゆえに「行政下請団体」といわれつづけてきたが、地域社会の盛り上げ役、地域の問題解決役としても力を発揮してきたといってよい。

　昨今、各地の自治体もだんだんと財政的に苦しくなってきている。とくに篠山市は、「篠山再生計画」（以下、再生計画）にみられるとおり、急激な財政難に見舞われている。計画の中にも述べられているが、この急激な財政難の原因は平成の大合併である。合併特例債の償還（返

第2章　地域力としての自治会——自治会は"篠山再生"の力となりうるか

済）が市財政の負担となっているのである。自治体財政が悪化すれば、それまで当然のように提供されてきた各種の公共サービスは縮小や廃止を含めて大々的な再検討に直面することになる。この状況では、自治体行政が地域の諸問題の解決をすべて担うという図式がもはや通用しなくなる。再生計画にもあるとおり、自治体行政だけではなく市民全体がまちづくりに率先して参加して行かなければならない状況が到来しているのである。

　そこでひとつの力として機能しえるのが自治会である。自治会は、これまで篠山の各集落を管理し、人びとの生活のニーズを処理してきた組織であり、現実に多くの市民が参加している組織である。長く篠山の地域社会の支え手であった自治会おのおのが活発に運営されることは、まさに地域力の一翼となる。本来、「自治会の地域力」とは、実に総合的なものである。先述の包括的機能という性質からも、お祭り等を通じた親睦醸成という面を基本としつつ、くわえて防災や消防、防犯といった秩序維持の面、そして里山保全、子育て・高齢者対策といった福祉、または農産物の直売所経営のような現代的な地域問題に主体的に取り組んでいく「地域自治」の面も重要だろう（菊池2006：27 - 29）[1]。自治会として上記のような複合的な面で地域力の発揮がどれだけできるか、これは篠山のまちづくり、そして篠山再生の前提条件といいかえてもよいだろう。

　といいつつも、自治会が地域形成を担い、さまざまな問題を処理できる状態にあるのかどうかをいったん立ち止まって検証しなければならないだろう。期待さえ唱えれば自治会が地域力を自動的に発揮できるようになるわけではない。自治会は、期待を存分にしてよい状態に果たしてあるのかどうか、現時点で自治会がかかえる課題をつまびらかにしなければならない。

2. 篠山市の自治会概要

2.1 篠山市の自治会組織

　篠山地域は、篠山藩時代からの200数十の集落から成っており、自治会は、この集落を単位としてつくられている（藤原　2001：4）。ちなみに、「自治会」という名称は、4町合併以降に統一された名称である。合併前は各町間で集落の組織の名称に違いがあった。篠山町は「総代」、丹南町では「総代」、西紀と今田には「区」が設置されていて、各町域には総代会、区長会が組織されていた。また、この多紀郡地域は、郡全体としてのまとまりがあり、多紀郡自治連合協議会が組織化されていた。郡自治連合協議会は、各町の連絡調整を主たる活動としていた[2]。

　倉田によれば、合併前の篠山町の場合、各部落の総代は、地元の名望家であり、行政協力者として行動する一方、部落の葬儀委員長、小学校の入学式の来賓、町議選の選挙参謀役、相談役となることもあるし、隣家同士の争いの調停役にもなっていたという（倉田　1986：54）。一方、町の総代会は、「町民全体の要求をとりまとめて行政に要請すると同時に、町の行政に協力する際のパイプ役を果たしてい」（同上：53-54）たという。総代の協力なくしては町の行政の円滑化は達成しえず、だからこそ町長も総代会を重視していた（同上）。総代は、地元の名士であり、また町行政としても地域有力者たる総代たちと相互依存の関係を取り結んできたのである。

　さて、現在の篠山市の自治会は、図2-1のような構成となっている。全市域に篠山市自治会長会、旧町域（中学校区）と地区レベルにおのおのの自治会長会[3]、そして各集落に単位自治会がある。篠山市自治会長会は、各地区から1名（今田地区のみ2名）ずつ選出された理事20名で構成されている[4]。自治会の数は、篠山市全体で261である（2015

第2章 地域力としての自治会——自治会は"篠山再生"の力となりうるか

図2-1　自治会の組織体制（筆者作成）

年現在）。

　自治会長については、篠山市自治会長設置要綱でその役割が明記されている。そこでは、自治会長の仕事は、「(1)市が依頼する各種文書等の配布又は回覧に関すること、(2)甲乙協議[5]により適正であると認める団体の会費又は募金等の集金に関すること、(3)地域の環境美化に関すること、(4)地域防災計画に基づく避難情報等の伝達及び被害情報等の通報等に関すること、(5)市が主催する各種大会等の周知及び参加依頼に関すること、(6)各種調査員、委員等の推薦に関すること、(7)その他甲乙協議により必要と認める事項」（要綱第3条）とされ、市長が自治会長に委嘱状を交付する仕組みである。いわゆる行政協力業務を執行することが自治会長の業務として明記されているのである。協力業務に関することは、市と自治会長会とが契約を締結することになっている。自治会長はもう一方で集落代表でもある。地域のお祭りや懇親会、それから山の手入れ、農地保全、草刈り・清掃等、集落運営に関する多彩な仕事を有している（第3章）。

2.2　合併の影響

　合併前と合併後とを比較すると、自治会の組織体制において、それほど大きな変化はなかったといってよい。呼称こそ違えど、篠山市自治会長会は、合併前の多紀郡自治連合協議会の構造を引き継いでおり、自治会と各旧町行政との関係の面もおのおのそれほど違いはなく、行政協力の仕組みも合併前と基本的に近似である。自治会活動にも合併を経て特段の変化はなかったようである[6]。

　自治会の組織体制等は合併でそう大きく変わった部分はなさそうだとはいえ、合併は自治会の活動に全く影響を与えなかったというわけではない。合併前はおのおの小さな町で、さまざまなサービスを行政として積極的に実施してきた（藤原　2001：36）。例をあげると、国民健康保険の保険証の書き換えや税の徴収業務も各地域の公民館まで行政職員が出向いておこなっていたという丁寧ぶりであった。また、西紀町では、敬老会の事業（たとえばお年寄りの送迎の作業等）は全面的に町が担ってきたという。合併でもともとの役場がなくなり、こうした職員による丁寧な対応は期待できなくなってしまった。頼るべき役場（職員）がなくなったという事態に直面する中、合併から5年後におこなった聞きとり調査で、地域の問題は地域で処理するというポジティブな意気込みをもつ自治会長がいたのである[7]。

　　「これからは行政に頼っていてはだめだ。自治体の規模が大きくなると端々に行き届く行政はなくなる。みんなの意見をまとめて、地元で一致して要望し、一致して活動していくことが必要になる。」
　　「自治体が大きくなって、自治会がしっかりしないとかゆいところに手が届かない。行政に頼らず自分のことは自分でしなければならない。」「自治会も言うだけではなくて、行政側のこともやってあげるようにする。」

第2章 地域力としての自治会——自治会は"篠山再生"の力となりうるか

　合併は、これまで地域を支えてきた自治体行政が大きく変わることを意味する。もっともよく指摘されるのは、従来の自治体サービスの後退、そして市民の意見反映の困難化である（岡田　2006；総務省　2010；牛山　2010）。上記の二人の自治会長の意見は、自治会として、自分たちの手で行政の撤退による衝撃に備えようとしたものなのである。

　合併後の篠山市をみる上で、欠かせないのが「篠山再生計画」である。2007（平成19）年の市財政見通しで、今後合併特例債の償還を通じて財政危機に陥ることが明らかになった。急遽、市財政の再生を図るために策定されたのである。補助金の統廃合と削減、さまざまな行政事業の圧縮がそこではうたわれる。計画中には、自治会の担うべき業務も明らかにされている。たとえば、これまで自治会長会の事務は支所が担ってきたが、支所も縮小化されることになり、事務作業は自治会で担当することとされている。また、消火栓新設・防火水槽補修の自治会負担額の拡大等といったことが自治会の担うべき事柄とされている。

3. 自治会の地域力と行政協力

　では、これから自治会は先に述べたような地域力をしっかりと発揮していくことができるのだろうか。自治会が地域力を発揮するためには、そもそもの自治会が組織としてまとまりをもっており、そしてさまざまな事業を展開できる、時間的、金銭的、そして人的余地をもっている必要があろう。組織は「スラック」（余剰資源）を備えていないと、新規の事柄とか改善とかに頭が回らず、日々の業務だけで頭と手がいっぱいになってしまう（Cyert and March　1963：36-38; 桑田・

田尾　2010：320）。仮に自治会メンバーが高齢化する等で役員のなり手に困っていたとすれば、その時点で資源不足に陥っているのであり、ただでさえ余裕がない状態である。

　自治会の地域力とスラックを考えるとき、気に留めなければならない面が、「行政協力」である。自治会は、集落＝住民の組織としてさまざまな活動をおこないながらも、とりわけ篠山市では自治会長設置要綱が存在することで、自治会（長）が行政の各種業務の実施に関与することが公的に求められる。ということは、自治会にとっては行政協力を本務とせざるをえないことになる。

　一般的に見て、行政協力は行政コストの吸収に大きく役立つ。代表的なものは、広報誌や各種告知チラシの配布である。これらは一軒ずつポスティングをおこなわなければならない人海戦術を必要とする業務である。必要に応じて市民に回付される行政文書の回覧もある。それ以外にもたとえば、民生委員や国勢調査員等の各種委員の推薦、クリーンデー等の地域一斉清掃、そして公共工事の地域合意調達、境界画定の立ち会い等といったものがある。自治体だけでは到底賄えないコストを自治会の役員やメンバーが吸収することが期待されるのである[8]。こうした仕組みは、一般的には、「最大動員システム」と称される（村松　1994：4-5；森・足立　2002：120；日高　2003：72）。最大動員システムとは、簡単にいえば人的資源、資金、制度のあらゆる行政に利用できる資源を目標に向かって能率的に使用するシステムである。そのために、政府行政は内部の資源を最大活用しつつ、民間とのネットワークをつくり、社会全体の資源についても最大動員するのである。とくに明治時代以降、こうしたシステムは日本の行政の基本的特徴となってきた。別のいい方をすれば、日本の行政は人びとの「税外負担」（阿利　1963）を前提としてきたのである。

　しかしながら、それは翻っていえば、自治会役員層のコスト負担行

第2章　地域力としての自治会——自治会は"篠山再生"の力となりうるか

為があればこそ成立するものである。だからこそ、行政協力は自治会長等が担うべき仕事の一環として当然のことだという意識あるいは理解が浸透していれば問題はそう大きくならないだろう。しかし、その負担が過大になってしまうと、自治会長のエネルギーは行政協力ばかりに注がれてしまい、他の活動時間を削らざるをえなくなる。あるいは負担がたとえ過大でなくとも、自治会長に就任した動機とか職業柄によっては、そもそも行政協力は負担になりうる。そうした状況は、必然的に組織スラックの低下と役員の負担感、多忙感につながり、役員としての仕事に嫌気がさす原因にもなりうる。

　実は、過去に目を移すと、行政協力の仕事は人びとから歓迎される素地があったことを示しておこう。玉野（2011：10-12）は、戦前から没落しつつあった地主層とか都市部の自営業者層が過去には自治会長の担い手として多かったが、地主層にとっては行政への協力が伝統的に社会的威信の源泉だったし、自営業者層も行政に認められて社会的上昇と威信の獲得ができたという。行政からお墨つきをもらえるという点は、「（とくに都市自営業者層にとっては）大学出の行政職員と互角に対峙できるというのも、魅力であると同時に、自らの社会的上昇を実感できる得がたい機会」だったのである（同上）。農村部では、行政職員でも大卒層はそれほど多くはなかっただろうが、都市でも農村でも、行政協力のために滅私奉公することを通じて、自治会長として地域内での発言力を保持できるという構図を期待した階層がある程度存在したのである（都政調査会　1960；越智　1980：348-351）。ある時代までは、こうした行政協力にたずさわることは当然でありまたプラスにもなるという理解が人びとからなされ、そこに正統性が与えられてきたのである。

　さて、篠山の自治会と行政協力の関係性はどうなのだろうか。先に見た倉田（1986：54）によると、旧篠山町の総代会・総代は、部落の

住民融和の仕事もしつつ、行政「末端機構」としての機能を果たしていたという。このことは、篠山の自治会も地元ならではの住民生活のニーズ処理部分と、行政協力部分をもちあわせていたことを意味する。しかし、自治会が「役所の下請け機関としか機能していないのではないか」と評される状況もあったようであるが（小西　2001：80）、行政協力が自治会長から問題視されてきつつあったことが明らかである。各種の資料をみると、自治会がすでに行政協力関係の仕事で手がいっぱいであるという実態がみられる。たとえば、2007年の篠山再生市民会議の席では、「自治会長には各団体の充て職も含めて年間200～250通の郵便がくる。様々な相談もあり、業務量が多いが、使命感を持ってやっており、便利屋ではないことを理解いただきたい」という自治会長会理事の発言がある。市としても、これまで自治会長から業務量が多いという不満が相次いだので、配布物の総量や依頼回数を減らすといった措置を施してきたところである[9]。行政協力の業務量が増えていることは確かなのだが（第3章）、それでも、仮に行政協力が滅私奉公的動機づけの手段と自治会長たちに認められているなら、彼らはむしろプラスととらえようとするのではないだろうか。ところが、自治会長の発言にもとづけば、「使命感」はありつつも、行政協力はもはや負担感につながっていると考えなくてはならないようである。

　「行政協力」そのものは、直接的な行政コスト吸収の手段であり、その意味で財政危機下にある再生計画を実践して行く上で実は欠かせないものと考えることができる。しかし、再生計画の達成には、おのおのの自治会のさまざまな地域力発揮も同時に不可欠であろう。とすれば、上記の行政協力への従事が自治会側の負担感を生んでいる状態は、自治会の地域力発揮の妨げになりはしないだろうか。かつての滅私奉公的な動機づけは現代社会にはすでに存在しない。「現在では、

第 2 章　地域力としての自治会——自治会は"篠山再生"の力となりうるか

何が公的であるかを自ら検討し、それを自ら実現できるのならば、そのような活動には喜んで参加しようと考える市民と市民の活動があるだけ」（玉野　2011：16）だと考えるのならば、自治会が独自の活動を自ら定義して実践して行く余地を高めなければならなくなろう。活動が行政協力にエネルギーをとられ、それが負担感と嫌気につながり、役員層も地区住民全体も、自治会活動に消極的になるというストーリーは、なんとしても避けなければならないだろう。最終的には、自治会にとってその事態は、行政協力も地域力もどちらの面の力も失ってしまうことにつながりかねないのである。

4. 自治会運営の実態、課題、その変化
　　——2つのアンケート調査結果の分析

4.1　アンケートの概要と分析の方法

　筆者ら篠山研究グループは、篠山調査の一環としてこれまでトータルで2回の自治会長アンケート調査を実施している（序章）。第1回目は、「都市のなりたち研究」の篠山班として実施した。実施時期は、2003年11月（「2003年調査」と称す）である。対象者は自治会長261名、有効回答数は186会長、回答率は71.5％であった。第2回目は、「海山研究」として実施したものであり、時期は5年後の2009年1月（「2008年調査」と称す）である。対象者は、自治会長260名、有効回答数は220会長、回答率は84.6％である。どちらも市担当課を通じて自治会長会の許可をとり、各自治会長個別に質問票を郵送にて配布した。2008年調査の際、質問票の「受け取り拒否」が1通あり、未開封のまま返送された。
　以下の分析では、つぎの点に着眼したい。1つ目に、旧町間の比較である。もともと多紀郡として一体で行動することが多く、自治会と

町行政の関係は合併を通じてあまり変化がないと先述したものの、旧町ごとに自治会の活動には一定にバリエーションがある。新市として自治会の体制が統一されたし、またこれからも篠山再生計画の枠組みの中ですべての自治会がいっしょに行動しなければならない側面もあろう。そうした環境が生じる中で、それまでの旧町の自治会の違いはどうなっているのであろうか。2つ目に、時系列比較である。2回の自治会調査では同じ質問を使用した箇所がかなりある。その意味では、質問によっては5年間の時系列比較が可能となる。したがって、以下では、基本的に調査結果を「旧4町」[10]ごと、そして時系列ごとに結果を示して、分析を進めていく。なお、以下では時系列の比較もおこなうのだが、分析の主軸はあくまで旧町別の比較におきたい。その意味では、旧町ごとの百分率が時間的にいかに変化したかという観点から分析をおこなうことにする。

4.2　アンケートにみる自治会と行政協力
4.2.1　自治会（集落）の特徴

　最初に、2008年調査で自治会（集落）の特徴をたずねているので、おおまかにではあるがその特徴をみておこう。

　全市をつうじて、集落あたりの世帯数はだいたい50世帯前後である。ただ、たとえば旧丹南では世帯が1,000世帯規模の自治会があり、かなり大規模な自治会も一部にはある。

　多くの集落で70歳以上の高齢者数が平均して30人前後になっている。また、Uターンとか I ターン者もいるのだが、旧西紀でとくに多いようである。一方、旧篠山では集落あたりの小学生数が少ない。旧篠山では、かねてから複式学級化されていた小学校があり、小学校統廃合もすでに実施されている。

　くわえて、全国的に各地域で問題とされている空き家については、

おのおのの集落で空き家が存在しているようである。ただ、管理する人が戻ってくる空き家も一定に見受けられることも特徴である。

4.2.2 自治会長の属性：属性、選び方、任期のあり方

表2-1は、自治会長の属性等をまとめたものである。各項目で数値が一番高かったところに網掛けを施している。どの地区でも、両年ともに「男性、集落生まれ、リタイア組」という特徴が共通している。平均年齢が60歳代前半であることからも、退職してから会長になるという人が多い。職業については、民間企業出身者がもっとも多く、この傾向は5年経っても変わっていない。玉野の指摘したように、これまで行政協力に比較的前向きとされてきた農工商自営業層は少数派になっている[11]。

さて、会長の選ばれ方は自治会のあり方に大きくインパクトを与える。篠山ではほとんどの自治会が会長を「選挙や住民の投票」で選んでいる。旧西紀だけは、選挙方式と比肩するが、「推薦委員の推薦」で選ぶ自治会がもっとも多い。選挙であったとしても、だいたい次期の会長候補者は慣習的に決まっていることが多い。その一方で、旧篠山以外で「輪番制」を採用する自治会が5年経って増えつつある（旧今田は依然として多い）ことは気になるところである（会長選出方法の下線部）。

そして、多くの会長は任期を1年以上つとめるべきと考えていることもわかった。任期の動向をみると、2008年には旧篠山では最高3年、旧今田で5年と2003年とくらべると任期の年数が増えている傾向にあった。他方、旧今田だけは、1年交代制への期待が激増している（会長任期のあり方の下線部）。旧今田では過去から現役層が会長に就任し、働きながら自治会長をするという慣習がみられる。これは自治会長の平均年齢の若さ（旧今田のみ50代）と現在働いているという回答が多

表 2-1　自治会長の属性等（単位%）

		旧篠山		旧西紀		旧丹南		旧今田	
		2003	2008	2003	2008	2003	2008	2003	2008
性別	男性	98.0	100.0	100.0	100.0	100.0	100.0	100.0	100.0
	女性	2.0	0.0	0.0	0.0	0.0	0.0	0.0	0.0
	計	100.0 (101)	100.0 (111)	100.0 (21)	100.0 (17)	100.0 (43)	100.0 (50)	100.0 (14)	100.0 (18)
年齢（平均）		63.4	63.4	55.3	65.1	62.8	63.4	54.9	57.6
生まれた場所	集落内	75.2	73.6	71.4	88.2	72.7	62.0	71.4	61.1
	篠山市内	11.9	13.6	14.3	0.0	13.6	20.0	0.0	16.7
	篠山市外	12.9	12.7	14.3	11.8	13.6	18.0	28.6	22.2
	計	100.0 (101)	100.0 (110)	100.0 (21)	100.0 (17)	100.0 (44)	100.0 (50)	100.0 (14)	100.0 (18)
就業状況	働いたことがある	62.1	54.8	52.4	62.5	64.3	60.9	6.7	22.2
	現在働いている	37.9	43.3	47.6	37.5	33.3	39.1	93.3	77.8
	働いたことはない	0.0	1.9	0.0	0.0	2.4	0.0	0.0	0.0
	計	100.0 (87)	100.0 (104)	100.0 (21)	100.0 (16)	100.0 (42)	100.0 (46)	100.0 (15)	100.0 (18)
一番長く従事した職種	自営業（農業）	7.3	5.9	0.0	0.0	0.0	2.3	0.0	5.6
	自営業（商工業）	11.5	10.8	18.2	12.5	7.5	4.5	26.7	16.7
	民間企業	38.5	43.1	31.8	43.8	55.0	59.1	33.3	55.6
	団体職員	9.4	4.9	0.0	6.3	10.0	9.1	6.7	0.0
	役所	14.6	16.7	36.4	31.3	15.0	18.2	26.7	16.7
	学校	15.6	11.8	9.1	0.0	5.0	0.0	0.0	0.0
	その他	3.1	6.9	4.5	6.3	2.5	6.8	6.7	5.6
	計	100.0 (96)	100.0 (102)	100.0 (22)	100.0 (16)	100.0 (40)	100.0 (44)	100.0 (15)	100.0 (18)
会長選出方法	選挙	58.1	50.9	33.3	29.4	68.4	71.7	35.7	41.2
	年齢順	0.0	4.5	5.6	5.9	2.6	0.0	14.3	5.9
	輪番制	5.4	2.7	0.0	5.9	2.6	4.3	21.4	17.6
	推薦委員の推薦	26.9	29.1	38.9	41.2	13.2	15.2	7.1	5.9
	現会長の選任	2.2	2.7	0.0	5.9	0.0	2.2	0.0	0.0
	特定役員からなる	1.1	3.6	5.6	5.9	5.3	4.3	14.3	23.5
	その他	6.5	6.4	16.7	5.9	7.9	2.2	7.1	5.9
	計	100.0 (93)	100.0 (110)	100.0 (18)	100.0 (17)	100.0 (38)	100.0 (46)	100.0 (14)	100.0 (17)
会長任期のあり方	1年交代	5.2	2.8	4.8	5.9	16.7	16.0	35.7	50.0
	1年以上	59.8	58.7	61.9	64.7	59.5	52.0	42.9	33.3
	数期	26.8	32.1	28.6	29.4	21.4	30.0	21.4	11.1
	長期間	4.1	0.0	0.0	0.0	0.0	0.0	0.0	0.0
	その他	4.1	6.4	4.8	0.0	2.4	2.0	0.0	5.6
	計	100.0 (97)	100.0 (109)	100.0 (21)	100.0 (17)	100.0 (42)	100.0 (50)	100.0 (14)	100.0 (18)

（筆者作成）

いことからも明らかである。なお、旧丹南はもともと1年交代への期待が一定数見受けられることも指摘しておく。住吉台等の新興住宅地の住民が多い旧丹南では、阪神地域に通勤する人も多い。1年交代への期待には、そうした慣習や職業的な背景が影響しているかもしれない。

4.2.3　自治会の役割意識と活動

　では会長たちは自治会のあり方をどう考えているのであろうか。

　とくに行政との関係という観点から自治会の役割について4つの選択肢を設け、望ましいものをひとつ選択してもらった。選択肢については、1つ目は、行政から住民に情報等を伝達し、その代わり行政に地域要望を伝える「住民と行政のつなぎ役」、2つ目は、行政とは関係をもたず親睦を中心とする「行政から独立して活動」するタイプ、3つ目は、行政のリーダーシップを求める「行政業務の補助」タイプ、4つ目は、住民共同で問題解決をおこない行政と対等に行動する「問題解決」タイプとした。

　表2-2で結果を示した。網掛けはもっとも数値の高いものに付している。5年をとおしてもっとも数値が高いのが、2003年の旧丹南を除いて「つなぎ役」タイプである。一方、注意すべきは、「問題解決」タイプの5年間の動向である。2003年時点では、かなりの自治会長が問題解決に向かっていた。これは、前出の自治会長会理事のことばにもみられたとおりである。ところが5年を経ると、数値は各旧町ともに軒並み低下している（下線部）。とくに旧今田の落ち込みは激しい。つまり、つなぎ役タイプが依然として非常に多く、問題解決タイプが減っている傾向が明瞭である。この状況をどのようにみるべきだろうか。

表 2-2　自治会の役割意識（単位％）

	旧篠山		旧西紀		旧丹南		旧今田	
	2003	2008	2003	2008	2003	2008	2003	2008
住民と行政のつなぎ役	50.0	48.1	54.5	64.7	46.3	52.0	43.8	52.9
行政から独立して活動	6.3	9.6	4.5	5.9	4.9	4.0	18.8	23.5
行政業務補助	0.0	6.7	0.0	0.0	0.0	6.0	0.0	5.9
行政と対等に問題解決	43.8	35.6	40.9	29.4	48.8	38.0	37.5	17.6
全体	100.0 (96)	100.0 (104)	100.0 (22)	100.0 (17)	100.0 (41)	100.0 (50)	100.0 (16)	100.0 (17)

（筆者作成）

4.2.4　自治会の運営・活動状況

　時を経てもなお「つなぎ役」を重視する自治会長がかなり多いことが明らかとなり、この結果は、自治会の活動のあり方にも関係している。調査では、自治会が責任をもって取り組むべきと考える活動をたずねている。計18（その他を含む）の自治会活動のうち、自治会長が重視する活動は何か。表2-3を見てみよう（複数回答。5つまで選択の方式でたずねた）。表中の網掛けは、濃い網掛けが50％以上の回答があったもの、薄い網掛けが30％以上の回答があったものである。

　特徴的な点は以下のとおりである。第1に、「一斉清掃活動」は、おおむね旧4町すべて5年を経ても自治会の責任と考えられている傾向にあるようである。一斉清掃は行政協力の一環ではあるが、住民の福祉向上に資する活動でもあり、自治会の目的と一致するので、重視されているのだろう。たいして、「広報誌・回覧板の配布」とか「募金協力」、「市主催の観光イベント等への協力」にはあまり前向きではなさそうである。第2に、「行政への要望伝達」と「施設維持管理」は、5年間で数値の変化はあるが、高水準で自治会の責任と考えられているようである。第3に、「消防防災」、「地域福祉」、「防犯活動」といった地域の問題解決に直結する項目はおおむね回答は上昇しているのだが、割合は相対的にまだまだ低いようである。第4に、「集落のお祭り」

第 2 章　地域力としての自治会——自治会は"篠山再生"の力となりうるか

とか「葬儀手伝い」という伝統的な行事や慣習にかかわる項目が全体的に減少していることである。

そして、第 5 に、全体の傾向として気になったのが、旧篠山、旧西紀そして旧丹南で、30％以上の回答の項目が、旧今田では 50％以上

表 2-3　自治会が責任をもつべき活動（複数回答（5 つまで選択）、単位％）

旧篠山 2003		旧篠山 2008		旧西紀 2003		旧西紀 2008	
行政への要望伝達	73.7	一斉清掃活動	71.0	一斉清掃活動	86.4	一斉清掃活動	80.0
一斉清掃活動	69.5	行政への要望伝達	62.6	行政への要望伝達	77.3	集落のお祭り	60.0
施設維持管理	54.7	施設維持管理	59.8	集落のお祭り	63.6	消防防災	46.7
葬儀手伝い	38.9	消防防災	55.1	施設維持管理	40.9	施設維持管理	40.0
集落のお祭り	36.8	神社の維持管理	39.3	神社の維持管理	36.4	神社の維持管理	40.0
地域福祉	36.8	集落のお祭り	30.8	自治体広報誌・回覧板の配布	31.8	行政への要望伝達	33.3
神社の維持管理	31.6	神社の維持管理	24.3	敬老会の開催	31.8	自治体広報誌・回覧板の配布	33.3
消防防災	30.5	自治体広報誌・回覧板の配布	24.3	葬儀手伝い	31.8	地域福祉	26.7
里山保全	24.2	里山保全	21.5	消防防災	27.3	敬老会の開催	20.0
自治体広報誌・回覧板の配布	20.0	葬儀手伝い	16.8	地域福祉	27.3	子ども会行事等へのサポート	20.0
敬老会の開催	16.8	敬老会の開催	16.8	里山保全	18.2	防犯活動	20.0
子ども会行事等へのサポート	13.7	子ども会行事等へのサポート	11.2	子ども会行事等へのサポート	9.1	葬儀手伝い	13.3
募金協力	8.4	防犯活動	11.2	防犯活動	4.5	里山保全	13.3
広報誌作成	6.3	募金協力	6.5	広報誌作成	4.5	広報誌作成	6.7
市主催観光イベント等への協力	4.2	市主催観光イベント等への協力	2.8	募金協力	4.5	募金協力	0.0
防犯活動	3.2	その他	2.8	日常物品購入	0.0	日常物品購入	0.0
その他	2.1	広報誌作成	1.9	市主催観光イベント等への協力	0.0	市主催観光イベント等への協力	0.0
日常物品購入	0.0	日常物品購入	0.0	その他	0.0	その他	0.0

旧丹南 2003		旧丹南 2008		旧今田 2003		旧今田 2008	
一斉清掃活動	76.3	一斉清掃活動	70.5	一斉清掃活動	80.0	一斉清掃活動	86.7
行政への要望伝達	66.7	消防防災	61.4	行政への要望伝達	73.3	行政への要望伝達	73.3
施設維持管理	48.7	地域福祉	59.1	施設維持管理	73.3	葬儀手伝い	46.7
集落のお祭り	43.6	行政への要望伝達	54.5	葬儀手伝い	53.3	消防防災	40.0
地域福祉	35.9	施設維持管理	50.0	集落のお祭り	53.3	施設維持管理	33.3
消防防災	33.3	集落のお祭り	36.4	神社の維持管理	26.7	集落のお祭り	26.7
神社の維持管理	33.3	敬老会の開催	29.5	地域福祉	20.0	神社の維持管理	20.0
里山保全	30.8	神社の維持管理	27.3	自治体広報誌・回覧板の配布	20.0	地域福祉	20.0
敬老会の開催	28.2	自治体広報誌・回覧板の配布	22.7	子ども会行事等へのサポート	20.0	自治体広報誌・回覧板の配布	20.0
自治体広報誌・回覧板の配布	23.1	防犯活動	18.2	消防防災	13.3	里山保全	20.0
葬儀手伝い	12.8	里山保全	13.6	防犯活動	6.7	子ども会行事等へのサポート	13.3
防犯活動	10.3	子ども会行事等へのサポート	13.6	募金協力	6.7	防犯活動	13.3
子ども会行事等へのサポート	7.7	葬儀手伝い	9.1	広報誌作成	6.7	募金協力	13.3
広報誌作成	7.7	広報誌作成	6.8	その他	6.7	敬老会の開催	6.7
募金協力	7.7	募金協力	6.8	里山保全	0.0	市主催観光イベント等への協力	6.7
市主催観光イベント等への協力	5.1	その他	2.3	敬老会の開催	0.0	その他	6.7
その他	5.1	日常物品購入	0.0	日常物品購入	0.0	広報誌作成	0.0
日常物品購入	0.0	市主催観光イベント等への協力	0.0	市主催観光イベント等への協力	0.0	日常物品購入	0.0

（筆者作成。自治会数は、2003 年＝旧篠山 95、旧西紀 22、旧丹南 39、旧今田 15、2008 年＝旧篠山 107、旧西紀 15、旧丹南 44、旧今田 15）

の項目が減少していることである。つまり、2003年調査時点で自治会の責任がある活動だと多数の自治会長が回答していた活動領域が、5年を経て減っているということである。割合が小さい項目の増減も併せて考えなければならないのだが、少なくとも、「責任がある」と相対的に多くの会長がとらえる領域が縮小しているということはいえるであろう。旧丹南では「消防防災」や「地域福祉」といった問題解決領域の大幅上昇がみられたところであるが、それでも「集落のお祭り」をはじめ、「神社の維持管理」、「里山保全」は減少している。

4.2.5　行政協力への負担感

　前出によれば、自治会が行政下請け機関になっているという状況があったようだが、実際自治会は行政協力依頼の多さに悩んでいるのであろうか。もしこの悩みが大きいとすれば、自治会における地域力発揮を隘路にしてしまう状況がありうる。

　調査では、自治会の運営上苦労している事項をたずねている。表2-4がその結果である。表中の網掛けは、濃い網掛けがもっとも数値の高かったもの、薄い網掛けが次に数値が高かったものである（同列1位はいずれも濃い網掛けである）。旧丹南を除いて、2003年調査時点では、「人手が要る活動がつづけられない」と「役員のなり手がない」とが上位1、2位というパターンが主流であった。ところが、2008年調査段階になると、どの地区でも「行政からの依頼が多すぎる」と「役員のなり手がない」が1番か2番手になっているのである。2003年段階でも悩みとして行政協力をあげている会長は多かったが、その割合が軒並み上昇していることがわかった（下線部）。

　2008年調査に付随して実施したインタビュー調査[12]では、「自治会長をしていると、市から依頼などが多く忙しい。市からの配布物も多く、周知する手間を任されていると感じる」、「自治会としては、やり

たいことがたくさんある」という意見があった。この意見はまさに、役員のなり手がいないという事態に直面するなかで、自治会が行政協力を負担だと感じてしまっているということを含意するのではないだろうか。

表 2-4　自治会の運営上の悩み（複数回答、単位%）

	旧篠山		旧西紀		旧丹南		旧今田	
	2003	2008	2003	2008	2003	2008	2003	2008
役員のなり手がない	40.6	54.3	31.8	41.7	34.1	48.9	35.7	47.1
役員内のまとまりがよくない	2.0	2.9	13.6	0.0	6.8	2.2	7.1	17.6
一般住民が無関心	12.9	16.2	22.7	16.7	20.5	17.8	14.3	29.4
住民間交流がむずかしい	12.9	13.3	31.8	33.3	25.0	31.1	21.4	23.5
予算がない	39.6	38.1	22.7	33.3	36.4	22.2	35.7	17.6
会合・活動の場所施設がない	3.0	2.9	0.0	0.0	4.5	0.0	14.3	11.8
行政依頼が多すぎる	32.7	53.3	27.3	41.7	43.2	46.7	35.7	52.9
人手の要る活動がつづけられない	60.4	37.1	40.9	25.0	43.2	20.0	42.9	17.6
行政の協力が得られない	5.0	6.7	13.6	25.0	11.4	8.9	7.1	0.0
その他	9.9	9.5	9.1	0.0	15.9	11.1	7.1	5.9
とくに苦労していない	15.8	4.8	18.2	8.3	11.4	11.1	14.3	11.8

（筆者作成。自治会数は、2003 年＝旧篠山 101、旧西紀 22、旧丹南 44、旧今田 14、2008 年＝旧篠山 105、旧西紀 12、旧丹南 45、旧今田 17）

　先の自治会長インタビューで得られた他の諸意見をみると、実際市行政からの依頼事項は増えているといえる。配布物の多さについてはすでに触れたが、他にも顕著なのが「役員の新設」である。行政事業の地域への浸透や推進のために、役員を選任して事業を実践することがよくおこなわれる。そのときに選出基盤として期待されるのが自治会である。たとえば、各地区で新設した役員をたずねた結果、圧倒的に多いのが「農地水環境保全向上対策委員」である。他には「男女共同参画推進員」、「防犯委員」の名前もみられる。委員選出の業務は必要に応じて行政の各部署から依頼されている[13]。地域独自の役員は自治会の裁量で統廃合を判断できるだろうが、行政事業と関連する役員は自治会の判断だけで廃止等することはできない。その点で、人口が

小さな自治会では構成員のほとんどが役員を兼任しなければならない事態となっている[14]。2008年調査では役員兼任の動向をたずねたが、調査結果をみると表2-5のとおりである。兼任が増えた地区が相対的に多いことが明らかである（旧今田では変わらないが多い）。中塚と星野は、旧西紀・草山地区の調査から、行政からの委託役職が事業ごとに設立される結果、「役職が多くなっていることにより、新たな活動に取り組むための時間的、精神的な余裕がない状態に陥っていた」（2007：304）という。こうした役員の配置が負担感に影響を与える一面となっていると考えられる。

表2-5 役員の兼任状況（単位%）

		旧篠山	旧西紀	旧丹南	旧今田
兼任	増えた	50.5	58.8	50.0	33.3
	変わらない	48.6	41.2	48.0	66.7
	減った	0.9	0.0	2.0	0.0
	計	100.0 (109)	100.0 (17)	100.0 (50)	100.0 (18)

（筆者作成。「増えた」は「非常に増えた」と「やや増えた」、「減った」は「やや減った」と「非常に減った」。なお、「非常に減った」の回答はなかった）

4.2.6 まちづくり協議会と自治会長

役員選任と関連して、まちづくり協議会（以下、「まち協」と略記）についても触れておきたい。篠山市では、まち協の組織化を2006年から始めている。まち協は、いわば地縁にもとづいて形成された団体＝自治会等の団体が一堂に会して、地域一体で課題解決を推し進める組織である。そのためまち協には、「地域づくり交付金」が交付され、使い道をまち協で議論し決定し、地域課題解決を自主的に推進することができるようになっている（コラム3）。

このまち協は、「再生計画」にもしっかりと位置づけられている。再生計画上では、まち協は地域活性化事業とか、助け合い活動、環境美化といった個々の課題解決事業を推進することが期待されているが、

第2章　地域力としての自治会――自治会は"篠山再生"の力となりうるか

同時に地域内で重複する類似事業の調整という項目も掲げられている。いわば、自治会とか各種団体の活動・事業の整理統合が視野にいれられているのである。たしかに、自治会と他の各団体プラス有志個人参加者がいっしょに活動していくことで、これまでにはできなかった新たな活動のための資源動員が可能になる一方、自治会ができなくなった仕事の請負も可能になる。いいかえれば、自治会単体ではできないことをまち協に集中させ、同時に似たような活動を圧縮して自治会や各種団体の負担軽減を図るという面がまち協に期待されているのだろう[15]。

しかし、現実のまち協の運営は、まさに自治会がメインで担っている部分が大きく、どうしても自治会長が参加しなければならない会合が増える傾向がある。現時点では結果的に、自治会長にとっては自分たちの自治会の仕事にくわえて、まち協の仕事もこなさなければならない、という事態になってしまっているようである[16]。前出の篠山再生市民会議で発言した自治会長会理事は、「単位自治会がこれまでの業務を持ったまま、校区のまちづくり協議会を運営していくのは至難の業である」とも述べている。まち協は新たな地域力の要となりうる余地をもつといえるのだが、担い手のメインである自治会長を忙しくさせている局面が現に生じているといわざるをえないのである。

4.3　小括――再生計画における自治会のあり方

上記の調査結果をみると、篠山の自治会がかかえる問題点が浮き彫りになるだろう。つまり、第1に、自治会は行政協力を実践してきたが、種類によっては重視するものとしないものとがある。たとえば、広報誌の配布といったルーティン型の業務は重視されないが、清掃や消防という自治会活動と合致する業務は重視されるのである。第2に、しかしながら、行政協力の負担感は5年を経て大きく増えていた。市

として配布物の軽減措置もおこなわれているようだが、それでも負担感は拭えない実況があるし、第一、農水省関連の新たな事業が始まり、関連役員もそれに応じて新設されている。インタビューからは、行政協力が自治会の「やりたいこと」をする余裕を減らしていることは明らかである。それは、役員のなり手不足もあいまって、いわば自治会がスラックをもつ余裕がない、そもそも余剰のパワーをもつことができない状態に陥ってしまっていることを意味しよう。

　篠山の課題として留意しなければならないのは、再生計画の遂行体制をどう構築すべきかという点である。2007年には自治会への委託料が削減され[17]、さらには先に確認したとおり、再生計画は自治会への負担増を描いている。この篠山再生のプロセスでは、自治会自身も市にたいして政策提言をおこなっている[18]。しかしながら、アンケート調査結果をつうじてみえてくるのは、篠山再生計画をつうじた自治会の責務が、自治会のさらなる負担感を増大させてしまうのではないかという方向である。とくに担い手不足で悩む自治会は、再生計画での自治会のあり方についてどう考えるのであろうか。

　たしかに、さまざまな局面で自治会が行政コストを吸収できる行政協力は、再生計画上重要な位置づけが与えられることになる。しかし、自治会もまちづくりを自主的に実践していくとすれば、いわば余裕がなければならない。その意味では、現時点で行政協力が自治会長にスラック不足の事態と負担感を与えているとすれば、それは深刻な事態であると考えなければならない。さらにはまち協の今の体制が自治会長にとっての新たな業務をつくりだしている。結果的に、自治会が自主的まちづくりにより奮闘しにくい状況が生じてしまっている。

　もう1つは、旧町による自治会の特性の差異に着目すべきである。とくに旧今田のユニークさが発見された。多紀郡でひとまとめの連合協議会が組織化されていたことは指摘したとおりだが、集落レベルの

第 2 章　地域力としての自治会——自治会は"篠山再生"の力となりうるか

　自治会の慣習や手続きはおのおの一定に特色をもつ。旧篠山、旧西紀、旧丹南については自治会長の選任手続きや活動の傾向は近似しているが、旧今田については、現役世代が会長となり、また会長を 1 年交代とする意見が多く、実際輪番制を布く自治会もかなりある[19]。そのことと関連してか、問題解決志向がその他の地区とくらべて弱いことがわかった。合併を経て、ひとつの市として統一的に制度枠組みや事業が展開されて行くとしても、その際には自治会の内部運営の方法の違いに留意しなければならない。地域自治の主体として自治会に期待するなら、その期待に応えられる条件が自治会になければならないからである。たとえば、仮に旧今田の現体制のまま、まち協を強化しようとしたとき、1 年交代する現役世代の自治会長たちからみれば、さらなる負担感の増大がもたらされるだけになってしまう可能性を考えなければならないのである。

5. 自治会の地域力発揮への道

　篠山の自治会は、旧町時代から集落の維持管理の基点であり、行政協力をおこないつつ、地域社会形成に大きな役割を果たしてきた。とくにそうした機能は篠山における地域力発揮の起点として重要である。ただ、本章で明らかになったのは、自治会が役員のなり手不足に悩みつつ行政協力を負担と感じているという点である。とくに、自治会運営上の悩みとして、行政からの依頼が多いという悩みが 5 年間を通じて増えている。役員兼任も確実に増えている。篠山では、行政協力業務の増大が自治会長の負担感に作用している状況がありそうである。この点で、行政と対等に問題解決をおこなう役割意識をもつ自治会長は、各旧町ともに 5 年のあいだに減っていることには留意しなければならないだろう。ここでは、行政協力の負担感と問題解決の役割意識

の減少との関係を直接明らかにできていないが、「自治会としては、やりたいことがたくさんある」という自治会長の意見を踏まえても、行政協力業務の増加は自治会長の意識に少なからず作用していると考えられよう。

たしかに、まち協が地域の問題解決の拠点として検討され、一方で自治会は行政コスト吸収の部分だけにシフトして活動するという方向性もありえよう。しかし、篠山の地域力はまち協だけにかかるものではなく、まち協での取り組みにくわえて、集落レベルのきめの細かな問題解決が自治会で実践されるような多面的な地域力の発揮が重要なのである。そうだからこそ、自治会が行政コスト吸収を担う部分と問題解決を担う部分とのバランスを常に検討して、また、地区ごとの自治会の特性に留意しつつ、市は再生計画の遂行にせよ通常の行政事業にせよ、実施しなければならなくなろう。

ひとつ考えられるのは、まち協の地域内類似事業の調整機能をより積極的に運用していくこと（中塚・星野 2007）である。たとえば、体育委員等の行政からの委任役職については小学校区レベルの委任とするとか、スポーツクラブ21とか防災関連等各種協議会をまち協に統合するといったように、各地区にできたまち協を活用して、委託事業の整理とスリム化がまず喫緊に重要であろう。自治会にできることは何か、まち協にできることは何か、そして行政自身でできることは何かをきちんと議論しなければならなくなっている。高齢化や人口減少という事態に直面する中で、最大動員システムはうまく機能しなくなっている。その中で、自治会が問題解決活動にいかに進んでいくことができるのか、そのための自治会と行政との関係の見直しは大きな課題なのである。

第 2 章　地域力としての自治会——自治会は"篠山再生"の力となりうるか

【注】

1　たとえば、石住自治会のように貸し農園運営を実施して地域の産業活性化につなげようとしている事例も出てきている。石住自治会公式サイトを参照（http://isizumi.web.fc2.com/、最終アクセス 2014 年 8 月 21 日）。
2　篠山町・西紀町・丹南町・今田町合併協議会の調整内容資料より。
3　これまで自治会長会の単位は「校区」であったが、雲部・日置・後川ならびに畑・城北で学校統合をおこなったため、厳密には設置単位が校区ではなくなっている。そのために「地区」と現在では呼称している。
4　2013 年 7 月および 2015 年 5 月、篠山市市民協働課より口頭で教示を得た。
5　甲乙とは、行政事務委託業務契約書上の甲＝篠山市、乙＝篠山市自治会長会を意味する。以下の甲乙も同じ。
6　2002 年 5 月、市自治会長会会長より口頭で教示を得た。
7　2003 年、各自治会長会理事への共同聞きとり調査より。
8　日高は、浜松市を事例にとって、自治会への委任業務内容が事前に限定的に決まっているものではなく、突発的な追加業務を想定して、弾力的に運用されているという。その意味では、実際どんな業務が委任されるかは不明瞭なままであり、結果さまざまな業務が自治会に委任できる構図となっている（日高　2011：224-233）。
9　2004 年の「篠山市行政改革実施計画」の「平成 16 年度実績報告書及び第 1 次行政改革大綱実績報告書」では、「自治会長に委託する業務の内、市が依頼する広報などの配布物については、例年その量の多さに関する不評や、配布物によってはその内容が疑問視されるなど、その改善を望む要望が高い」状況があるので、広報誌の集約を図る等して削減をおこなってきたことが記されている。
10　以下では、旧篠山町を「旧篠山」、旧西紀町を「旧西紀」、旧丹南町を「旧丹南」、旧今田町を「旧今田」とする。
11　といっても、兼業農層は多いと思われる。質問が「一番長く従事していた職業」をたずねているので、回答結果のように分布している。
12　インタビュー調査の概要については、第 3 章を参照のこと。
13　2013 年 7 月、市民協働課より口頭で教示を得た。たとえば市民協働課をつうじて選任を委任するのは、衛生委員、交通委員、農政協力員、体育委員、人権のまちづくり委員、男女共同参画推進員である。この他、他部署から直接委任されるケースがあるという。農地水環境保全向上対策委員はその一例である。

14 2003 年、篠山市（旧篠山）地区自治会長会理事より口頭で教示を得た。
15 第 7 回篠山市自治基本条例検証委員会 会議録（2011 年 8 月 9 日）をみると、「まちづくり協議会を設立した目的は、小規模な自治会における役員の負担軽減のために同じことをするのであれば旧小学校区でまとまるのがよいのではないかということだった」という事務局の発言がある。
16 2013 年 7 月、市民協働課より口頭で教示を得た。
17 2007 年 4 月 18 日丹波新聞記事。
18 2007 年 9 月 19 日丹波新聞記事。市自治会長会理事会が、篠山市の財政再生について意見書を市長に提出した。事務事業の再編整理、民間委託の推進、職員の定員管理や給与適正化、行政組織再編による人件費、補助金節約等を提言している。
19 2008 年時点での旧西紀町と旧丹南町で輪番制を敷く自治会の割合が増えていることが気になる点である。

【参考文献】

阿利莫二，1963，「税外負担と地方行政」『都市問題』54（10）：52-75.
日高昭夫，2003，「「第三層の地方政府」としての地域自治会──コミュニティ・ガバナンス論の構築に向けて」『季刊行政管理研究』103：70-77.
日高昭夫，2011，「基礎自治体における町内会・自治会との包括的委託制度の特性──『連合体』としての組織スラックの視角から」『山梨学院大学法学論集』68：207-240.
藤原茂之，2001，「篠山市における町村合併と地域社会の現状」21 世紀ひょうご創造協会『市町村合併が地域社会に与えた影響に関する調査』，1-39.
菊池美代志，2006，「戦後町内会の機能と構造の変化」『ヘスティアとクリオ』2：26-33.
小西砂千夫，2001，「合併と地域コミュニティ──篠山市における地域性への配慮」21 世紀ひょうご創造協会『市町村合併が地域社会に与えた影響に関する調査』，71-80.
倉沢進，1998，『コミュニティ論』放送大学教育振興会.
倉田和四生，1986，「住民組織と地域社会の構造」『関西学院大学社会学部紀要』52：43-66.
桑田耕太郎・田尾雅夫，2010，『組織論』有斐閣.
森裕亮，2008，「パートナーシップの現実──地方政府・地縁組織間関係と行政協力制度の課題」『年報行政研究』43：170-188.

第2章　地域力としての自治会——自治会は"篠山再生"の力となりうるか

森裕城・足立研幾，2002,「団体—行政関係——政府と社会の接触面」辻中豊編『現代日本の市民社会・利益団体』木鐸社：119-138.
村松岐夫，1994,『日本の行政　活動型官僚制の変貌』中央公論新社.
中田実，2007,『地域分権時代の町内会・自治会』自治体研究社.
中塚雅也・星野敏，2007,「小学校区における自治組織の課題と再編の方向性——兵庫県篠山市草山地区を事例として」『農村計画学会誌』26：299-304.
越智昇，1980,「町内会の組織分析」蓮見音彦・奥田道大編『地域社会論——住民生活と地域組織』有斐閣：335-366.
岡田知弘，2006,「地域づくりと地域自治組織」『地域と自治体』31：13-54.
佐藤良子，2012,『命を守る東京都立川市の自治会』廣済堂.
総務省，2010,『「平成の合併」について』.
高木鉦作，1960,「東京都・区政と町会連合会」『年報政治学』1960, 146-159.
高木鉦作，1961,「再編されつつある町内会・部落会」木村禧八郎・都丸泰助『地方自治体と住民』三一書房，71-88.
玉野和志，2011,「わが国のコミュニティ政策の流れ」中川幾郎編『コミュニティ再生のための地域自治のしくみと実践』学芸出版社，8-18.
都政調査会，1960,『大都市における地域政治の構造——杉並区における政治・行政・住民』.
辻中豊・ロバート・ペッカネン・山本英弘，2009,『現代日本の自治会・町内会——第1回全国調査にみる自治力・ネットワーク・ガバナンス』木鐸社.
牛山久仁彦，2010,「市町村合併と地域政治の変化」『地方議会人』40（12）：21-24.
Cyert, R. M. and J. G. March, 1963, *A Behavioral Theory of the Firm*, Prentice-Hall（松田武彦監訳，1967,『企業の行動理論』ダイヤモンド社）.

コラム3　まちづくり協議会

　篠山市の各地区（小学校区及び旧小学校区）には「まちづくり協議会」が設置されている。最初は、2006年に大芋と大山から取り組みが開始され、以来、現在ではすべての19地区に設置済みである。このまちづくり協議会は、「地区のまちづくり推進条例」によると、「地区のまちづくりを総合的かつ主体的に行う団体で、当該地区の住民及び地区の地縁に基づいて形成された団体等で構成され、自律的な運営が行われるコミュニティ組織」とされ、「地区住民の合意により、住みよい安心安全の地域づくり、福祉の向上並びにコミュニティの増進及び活性化の取組等、地区のまちづくりの推進に努めるものとする」と役割が明らかにされている。つまり、一定の地区レベルで人びとの地域問題解決を積極的に進めていくことがまちづくり協議会には期待されているといえる。こうした背景には、各集落の戸数が減少しつつあり、個々の自治会活動が限界に直面するようになってきたということがある。一方、4町合併で相当に広域化した市全体で一律に地域問題解決をおこなうことは得策ではなく、おのおのの地域ごとに問題解決を実践した方が効果的なまちづくりができるという期待も込められている。

　この地区のまちづくりを進めるために、まちづくり協議会は、地区の将来像とかそれを達成するための

八上校区まちづくり協議会・高城会館
（撮影　藤井和佐）

野菜づくり
(写真　篠山市市民協働課提供)

取組を盛り込んだ「まちづくり計画」を定めることができる（2015年現在18地区で策定済み）。たとえば、大山地区（大山郷づくり協議会）の計画をみると、「安心安全環境計画」、「元気な地域づくり計画」、「地域産業振興計画」、「福祉計画」、そして組織構成とか情報発信、財源研究等を定めた横割り型の「組織運営計画」という全部で5つの具体的な計画から構成されている。大山のみならず、各まちづくり計画は、地区の人びとの参加と議論をつうじて策定され、そこには詳細な事業が盛り込まれる。計画実践にたいする財政的支援もあり、地域の総合的な問題解決をまちづくり協議会が進めていく体制が構築されているのである。

　とはいえ、第2章でも示されているように、自治会長がまちづくり協議会の中心的担い手となっていることで、自治会長たちの負担が大きくなっているという側面もあるようである。その意味では、今後まちづくり協議会の担い手の育成をどう実現させていくか、自治会とまちづくり協議会との役割分担をどう設計していくか、といった課題があるというべきであろう。

（森　裕亮）

観光に向けた地域資源づくり

第3章 地域のくらしを支える
―― 自治会長のライフコースから

杉本久未子

獣害対策も自治会長の重要な役割

1. 移動社会のなかでの自治会長

1.1 なぜ自治会長か

　集落は、そこでの住民生活を維持するため、言いかえれば内部での規範の逸脱をコントロールし外部との緊張関係を意思決定し行動するために、ひとつの自治組織として機能するように形成されてきた。「庄屋、村長、総代、区長などと呼び名は変わったが、むらの代表者のもとに、むら全体のことを協議する寄り合いがもたれ、むらの意思はそこで決定されてきたのである」（古川　2007：25）。

　限られた資源のなかで、人びとがその生活を維持してきた日本の農村集落の有り様を観察してきた守田は、都市住民を部落からの「はみ出しもの」と位置づけ、部落は常に自らを維持するためにはみ出しものをつくりつづけてきたとする（守田　2003）。言いかえれば、はみ出さなくてもいいだけの資源やつながりを持っていた人びとが村のあり方を決定していたのであり、その代表である村長や総代は、いわば名誉職として裕福な農家から出るのが一般的であったのである。

　ところが、はみ出しものであった都市住民が、高度経済成長期以降、都市に定住してそこでの豊かな生活を享受しはじめた。集落の生活を支えた農林漁業が沈滞するなかで、都市住民と部落住民の関係が逆転して意識されるようになってきた。はみ出させたものではなく、「残されもの」という意識である。このような状況を背景に、農山村地域の過疎化が問題とされプル要因とプッシュ要因など都市移住を促進する社会構造に関心が集まるようになる。それでも、集落には戦後に就農した世代がしっかりと残り地域生活を維持してきた（山下　2012）。しかし、近年ではその世代の高齢化が始まり、農山村地域の社会生活維持を視野においた定住人口、流入人口に着目する研究がおこなわれるようになってきた（山本　1998）。集落内における豊かさの基準が流

第3章　地域のくらしを支える──自治会長のライフコースから

動化し、自治組織に求められる機能も異なってきた現代社会においては、その担い手である自治会長の属性や求められる機能も当然異ならざるをえない。

　かつて、戦時下部落会では、配給や書面作成など部落会長の仕事が増加するにともなって、近畿圏を中心に「教師あがり」などの在村インテリが適任者になっていったことが指摘されている（庄司　2007）。平成の合併によって行政との関係に変化が見られ、低下する行政サービスを支える担い手として、より広域的な住民組織である「まちづくり協議会」の設立が見られるようになった。まちづくり協議会の主要な構成メンバーは自治会長である。合併後の行政関係をうまくコントロールし、一定の住民サービスを確保していくうえで、自治会長がどのような能力や地域とのかかわりをもつかはより重要となっている。

1.2　移動社会としての篠山

　篠山は篠山城を中心に市街地が形成され、その周辺に豊かな農地が広がり、さらにそのまわりを里山が取り囲むという、日本の地方都市の典型的な姿を持つ。しかし、他の地方都市の多くが歴史的には閉じられた社会経済特性が強いのにたいして、篠山は、京・大坂に近い農村として都市を視野にいれた集落の維持戦略が取られてきた。つまり、篠山城を中心とする地域構造と、京・大坂の周辺としての広域的な地域構造が独特の社会を創出した。

　江戸時代にはすでに大山の趣法山に代表されるように、都市部での木材需要に対応した人工造林がおこなわれていた。また、杜氏をリーダーとして、チームを組んで灘や伏見へ出た酒造出稼ぎも長い歴史を持つ。都市部において専門家集団として働くことで、集落の物的だけでなく情報的な豊かさも担保した。鳳鳴高校の出身者が東京青山の尚志館を拠点としながら高学歴を取得し、都会でエリートとなっていっ

たのも、「はみ出しもの」を活躍させる地域戦略の成果と言えるかもしれない。鳳鳴高校出身者を中心とした同郷団体のネットワークが、篠山のプライドを支えてきた。(奥井 2008・2011) つまり篠山では歴史的に都市を就労の場や活躍の場とした人びとの動きが多様であり、他出者とのつながりも密接であった。出稼ぎ者はもちろん、他出者も故郷の家族や友人を媒介として地域の共同性を意識し、篠山出身という誇りをもって集落規範を尊重する「郷土愛」を共有してきた。

　その心性は、高度成長期以降に就労の場を都会に求めた他出者の多くにも引き継がれてきたように見える。集落の維持が「はみ出さなかったものたち」だけでは困難となるとき、誰がどのように集落を担おうとしているのか。自治会長のライフコースから彼らの職歴や地域とのかかわりを知ることは、人口還流による集落の維持を希求する多くの地方都市にとって、有意義な事例を提供するものになるであろう。

1.3　インタビュー調査の概要

　この章での記述は、2009(平成21)年6月〜2010年6月にかけて実施した篠山市の自治会長インタビューにもとづいている。筆者らの調査グループは、合併後の篠山市の集落の現状と課題、自治会運営や住民・行政関係の変化を探るために、2009年1〜2月において自治会長260人を対象としたアンケートを実施した(詳細は第2章)。その調査票の末尾においてインタビュー調査への協力依頼をおこなったところ、回答者の3分の1をこえる84人から協力可能との回答をえた。

　協力可能と答えた自治会長にたいし、電話で日程調整をおこない、6〜8人程度の調査グループが2人1組で2〜3時間の半標準化面接調査を実施した。3月に任期が切れたためインタビューを辞退された自治会長、多忙や病気などのためにインタビューが実施できなかった自治会長もいたが、最終的に57人の自治会長のお話をうかがうこと

ができた。

　なおもな調査項目は、①地域（集落：自治会の範囲）の変化、②会長自身の就学・仕事や集落とのかかわり、③最近の地域の課題、④少子高齢化にまつわる問題、農林業や働き場、⑤最近の自治会活動、⑥地域と自治会の将来、⑦自治会と行政関係で、集落の生活を総合的に把握するものになっている。また、住宅地図をもとに、自治会の境界、空き家、独居高齢者の住まい、耕作放棄地、共有林の所在の記載などもおこなってもらっている。自治会長の自治会構成員に関する現状把握には敬服するものがあった。

2. 自治会長のライフコース

2.1　文化的道筋・道連れ・持続的な自己イメージ

　ライフコースの分析は、「文化的道筋（pathways）」「道づれ（convoys）」「持続的な自己イメージ（perduring self-images）」というプラースの古典的な分析枠組みにしたがっている。この研究は、日本人の成熟のレトリックを理解するために、阪神間に住む4人の日本人のライフコースをその人の生きざまと連動する4つの小説の登場人物のライフコースと対比しながら日本人の中年期の生き方が形成されていく仕組みを分析したものである。プラースの手法は、価値観の転換期にあった戦後の日本人の生き方を分析するうえで鋭い切れ味を示すものと言える。今回インタビューに応じていただいた自治会長の大半が60代以上であり、まさにプラースが分析した伝統的な規範ないしルールの存在を前提としながらも、自分らしさを追求した人びとと想定されるからである。この3つの視点から篠山市の自治会長たちの世代的な特徴を示しておく。

○文化的道筋

　文化的道筋とは、人びとが文化的価値をみずから実現していくためのライフコースの方向性を意味する。その道筋は人間に方向性と奥行きを与えるが、その放棄は人を混乱に陥れるおそれがある。彼らが人格を形成した第二次世界大戦時から高度成長期にいたる時代の文化的道筋は、伝統的な農村集落における「家とムラを守る跡継ぎ」であった。とくに長男においてはこの道筋が強く示されていた。と同時に、著名な軍人を生みだした鳳鳴高校の伝統である立身出世の価値観を背負った「全国レベルで活躍する職業人」という道筋も二三男を中心として提示される。つまり、集落に残るか集落を出るかという大きな人生の岐路である。しかし、そこには現実として、「故郷で食べていけない他出者・出稼ぎ者」や「都会での競争に耐えられない残存者」という道筋の放棄も存在したのである。

○道づれ

　道づれとは、ある人の人生のある段階を通じてずっとその人とともに旅をしていく親密な人びとの独特の集団である。道づれが、ある個人の生き方に影響を与えると同様に、ある個人の生き方にしたがって道づれの生き方も変化せざるをえないという関係が形成される。自治会長の道づれは、定位家族、生殖家族、小・中・高校の同級生、青年団・消防団の仲間、職場仲間など加齢とともに変化する。そしてそのウエイトはそれぞれのライフステージにおいて変化せざるを得ない。

○持続的な自己イメージ

　持続的な自己イメージとは、そのイメージに導かれながら人が自分の進路を決め、人生のかじをとっていく重要な役割を果たすものである。文化的な道筋にどう対応するか、道づれとの関係で自分をどう位

置づけるかを決定するのが持続的な自己イメージと言えるであろう。自治会長の持続的な自己イメージには、間人主義的な「家族やムラの一員、そのなかに共有される人間」と「自立した近代的個人」の葛藤がある。そして、昨今個人主義の行きすぎが問題となっていることが、現在の自治会長の自己イメージ形成と関連していることにも留意すべきである。

2.2　人生の転機

多くの人にとって人生の転機は進路選択から始まる。学歴をどうするのかは、学校選択と結びつき、さらにその前途に職業の選択と関連する。篠山市では、交通利便性が東西によって大きな差があることもあり、居住地によっては、進路の選択は居住地の選択とも密接に結びついてくる。逆に、居住地の選択が職業内容を規定することも見られる。自治会長は全員が男性であるが、養子縁組など結婚も人生の転機となっている。

2.2.1　高校選択（＋大学選択）

篠山には、学歴社会への参入を目指す鳳鳴高校と、有能な農業後継者や職業人の育成を目指す農業高校という2つの特徴的な高校があった。したがって高校選択は将来の進路選択と密接に関係することになった。中心部の市街地の子どもたちは、鳳鳴高校への進学が当然視されることになるが、成績が優秀な農家の子どもたちはエリート校である鳳鳴高校を目指すべきか、農業後継者の道を選ぶべきかの第一段階の選択を高校進学に際しておこなう必要があった。

「農家の一人っ子だから農高を選ばざるを得なかった」「鳳鳴高校へ進学したが、入学時に長男なので進学は×（ばつ）と釘をさされた。そこで勉強はそこそこでクラブに没頭した」「農高で篠山の農業大学

への進学を勧められたが、百姓が嫌いで教師をしたいと思って神戸大の教育学部へ」という発言は、当時の文化的道筋のなかで、設定された人生のコースをどのように選ぶかに悩む高校生たちがいたことを示している。「兄が優秀で、ジャーナリストとなるため東京の大学に行くことになり、弟の自分がまだわけもわからないときに、家の農業を継ぐことを約束させられた」と語った自治会長もいた。兄の進路選択が必然的に彼が地元に残ることを決定したのであった。

2.2.2　就職（＋居住地選択）

篠山では、若者の雇用の場は限定される。職業選択を優先すれば、篠山からの他出が必要となり、逆に篠山での定住を選択すると職業選択の範囲は限定される。

「学生4年間だけ外へ出て帰ってきたら公務員になれということで。家は自営だったが弟が継いだ」、「定時制高校在学中に役場でアルバイトをしており、そのまま役場の職員になった。他に交通手段がなかったので車を買って自宅からマイカー通勤した」というように、地元自治体の職員になることは、学歴や技能を活かしながら篠山に住みつづけられる恵まれた選択であった。就職当時の公務員の給料は民間にくらべてかなり低かったとされるが、一定の社会的地位を確保できる就職先として公務員を選んだのである。農家の後継者の場合、「尼崎に就職が決まっていたが、家族会議を開かれみんなの説得によって断念した。役場もあったが、給料のよい農協にした」というように、農協や郵便局も重要な職場であった。なお、交通便利な西部の地域の居住者の中には、阪神間の役所や企業への通勤という選択もあった。

もうひとつの選択が教員。「兵庫県の中学校教員として自宅から通勤」という形で学歴と定住を両立させる方策を意図的に選択していった人が多い。また、「実権を持つ祖母が外に出してくれないので、酒

造出稼ぎをしようとしたが父が止めた。恩師の配慮で母校の実習担当助手に」という形で、定住が可能なように周辺の配慮があった例もみられる。

長男でも学歴を優先して製造業や金融業などに就職して篠山を出て行った人も多い。そのなかで、篠山とのつながりを維持しようとした人には、「県の信用組合に入って県内をあちこち転勤したが、家から通勤した。神戸のときだけ、単身赴任だった」、「銀行で近畿圏を転勤した。途中に篠山勤務もあり、そのときは実家から通った」などの動きもある。

2.2.3　結婚（＋居住地選択）

農村社会においては、家と農地の維持のために婿養子が重要な役割を果たしてきた。「農家の次男だった。三田で居住して働いていたが結婚2年後に妻方の養子になり篠山の今の家へ」、「氷上からの入り婿。都会で働いていたが、妻の実家の方へUターン」など、男性においても結婚が人生の転機となっている人がいる。

2.2.4　居住地選択（＋転職）

いったん、篠山外の地域で就職し他出した人が、家を継ぐためや親の世話をするために帰郷する例も見られる。商店や窯元、左官など自営業の場合には外で経験を積んで帰郷して家業を継ぐという文化的道筋が用意されている。しかし、農業については、多くの場合農業だけでは生計の維持が困難であるため、帰郷は新たな就業先がなければ不可能となる。

「母一人を残して地元の人に迷惑をかけたから42歳で自衛官を辞め、家を建てて帰郷した」というように、職業人として一定の成果をあげて故郷に錦を飾るもの、「次男なので外に出なければならないと思っ

ていた。甲子園に住んでいたが、兄が家を継がないというので篠山に帰り仕事を変えて通勤した」というように、予定外の後継者という役割に職を変えて対応したもの、「大阪で働いていたが、20代でＵターンして父の仕事（左官）を引き継いだ。ムラの人が歓迎していろいろ教えてくれたのがありがたかった」とムラの数少ない若者として地域を支えてきたものもいる。

　他方、JR福知山線の駅周辺では、阪神圏への通勤を前提とした住宅開発がおこなわれており、住宅購入を契機に篠山に居住しそこの自治会長になっていく人も出現している。

2.2.5　退職（＋居住地選択）

　退職は都会に居住しなければならないという条件をなくする。しかし、生殖家族のメンバーの多くは、都市を基盤としたライフスタイルが身についている。そこで、帰郷するかどうかが家族との関係で問題となる。「定年退職後、都会でもう少しいようと思っていたのに、すぐ父が死にＵターンした。長男の責任感からだ」として「イエ」での役割を重視する人が多い。「家電メーカーの技術職で海外勤務も長いが、父の死を契機に早期退職してＵターンした。土地がなければ帰って来なかったと思う」と転勤族で固定した生活基盤を形成していなかったことで帰郷が容易であった人もいる。反面「関東圏に家があり家族はそこに住むが、高齢の母が一人ぐらしなので、早期退職して篠山と関東を行ったり来たりしている」というように、2つの家族との生活を両立させようとする人も見られた。

　さらに、退職を機に新たな居住地として篠山市を選択したものもいる。

第3章　地域のくらしを支える――自治会長のライフコースから

2.3　自治会長のライフコースパターン

　上記の人生の転機からわかるように、自治会長には、市内に定住してきた（含む就学時の市外居住）タイプ、市内にUターンしたタイプ、市内にIターンしてきた（含む住宅購入）タイプの3つがある。それぞれのタイプのライフコースを簡単に見ておきたい。

2.3.1　市内定住タイプ

　市内定住タイプには、「役場・農協職員タイプ」、「学校教員タイプ」、「家業継承タイプ」、「市外通勤タイプ」が見られる。

　「役場・農協職員タイプ」は、高校卒業後（あるいは他出した大学卒業後篠山に帰り）、町村役場または地元の農協などに勤務することで職業人としての生活をスタートさせた人たちである。地元に勤務することで時間的な余裕があること、職業的にも地域との密接な接触・交流が要求されることから、兼業農家の一員として農業を手伝いながら、青年団活動や自治会活動などのムラ仕事を担ってきた。彼らの職業的地位が、行政や農協とのパイプとして役立ち、ムラの運営に貢献することも多かった。在職中から自治会の役員になることも多く、退職後は適任者として自治会長になっている。

　「学校教員タイプ」は、比較的裕福な農家の子弟で、教育系の大学を選択し小中高校の教員となった人びとである。兼業農家の一員として農業を手伝うこともあり、また教員という独特のスタンスで助言者的な立場からムラの仕事にかかわることも多かった。父親も自治会長をしていたなど世代をこえてムラのなかで重要な位置をしめてきた人も多い。そして学歴と職歴が尊重され、退職後は自治会長になっている。

　「家業継承タイプ」は、商業、窯業などの自営業者の子弟で、高校や専門学校、大学を卒業後、地元に帰り家業を継承している人たちで

ある。「全日制の市民」として、自治会（町内会）活動だけでなく、商工会など経済団体関連の活動もおこなっており、実質的に地域社会を支えてきた人びとである。自営業にたずさわるかたわら、一定の年代に達することによって、自治会長の職につくようになっている。

「市外通勤タイプ」は、高校卒業（一部は大学卒業）後、篠山市内で居住しながら、京阪神間の企業や金融機関、兵庫県庁、農協経済連などに通勤した人たちである。交通条件に恵まれた市の西部のエリアでこのようなタイプが多い。通勤に時間を取られるため、限界はあるものの、農業を手伝い、ムラの共同作業を担ってきた。退職後は、本格的にムラ仕事を手伝うようになり、その蓄積から自治会長の職につくようになっている。ムラの有力者の子弟で、大卒という学歴にふさわしいと考えられる職業生活と家の後継者としての役割を両立させるために、このライフコースを取った人もいる。

彼らは、「文化的道筋」として「家を守る跡継ぎ」であることが優先された人たちと言えるだろう。比較的裕福な家の子弟であることが多い彼らにとっては、「全国レベルで活躍する職業人」へのあこがれも強かったはずである。しかし強い「跡取り規範」が彼らの生き方を決定した。そして安定的な雇用や家業によって社会的にも一定の地位についたことが、彼らを地域を守る自治会長としての社会的役割に水路づけていった。「道づれ」として大きなウエイトを占めるのが父母や祖父母のようなイエにかかわる人びとである。そして、役場や農協などの職場仲間、青年団・PTA・消防団などの集落での仲間、そして地元に残った同級生など、イエを守ってきた同質的な色彩の強い人びととの交流のなかで、自己の生き方が確認されている。だからこそ、「家族やムラの重要な一員としての自己」を「持続的な自己イメージ」とし、集落を担い、地域環境を維持し、人びとの生活を支える責任を果たしてきたと言えるだろう。

第 3 章　地域のくらしを支える——自治会長のライフコースから

2.3.2　Uターンタイプ

　Uターンタイプには、「途中退職・再就職タイプ」、「途中退職・家業継承タイプ」、「定年退職タイプ」がある。

　「途中退職・再就職タイプ」は、高校卒業（一部大学卒業）後、篠山からの通勤が難しい地域で就職し京阪神都市圏などに移住した人たちである。都会に馴染めなかったり、家庭の事情などで職業生活の途中で退職し、篠山市内あるいは通勤可能な地域で再就職している。再就職先が役場・農協や地元企業になることで地域とのつながりが強化されたり、高齢化が進む地域社会から重要な地域の担い手として期待されることから、地域の役職を早くから経験するようになり、自治会長に水路づけられた。

　「途中退職・家業継承タイプ」は、高校卒業（一部大学卒業）後、篠山からの通勤が難しい地域で就職し京阪神都市圏などに移住したが、帰郷後は商業、窯業や造園業・左官業など家業を継いだ人びとである。都会での仕事が、家業を継ぐ前提で選択されている場合も多い。帰郷後は青年会議や商工会など経済団体での活動を中心に地域とかかわることが多く、そこでの活躍を通じて地域の担い手として自治会長となっていった。地方議員を経験している人もいる。

　「定年退職タイプ」は、都会の大学を卒業（一部高卒を含む）後、大企業に就職し京阪神都市圏だけでなく、東京圏に移住した人も見られるタイプである。長男であるにもかかわらず、鳳鳴高校の伝統を引き継ぎ都市で活躍しようとした人びとが多い。大企業ということで転勤も多く、海外経験者も見られる。父の死去と退職を契機として篠山に帰郷すると、学歴や職業人のキャリアを見込まれ、故郷に恩返しをするという意味からも自治会長になっている。

　彼らは、「文化的道筋」として、近代産業社会のなかで望ましいものとされるようになった「全国レベルで活躍する職業人」を目指した

115

人びとということができる。と同時に、篠山という伝統的なムラ社会の中では充足できない人でもあった。その人びとが、途中退職の場合は、その道筋への不適応あるいは故郷での受け入れ態勢の整備によって、定年退職の場合は職業人としての役割喪失によって「家を守る跡継ぎ」という伝統的な道筋に復帰した。守るべき土地や家業を持っていることが、彼らの新しい道筋を可能としている。「道づれ」は大きく変化した。他出時での重要なコンボイであったであろう職場仲間がいなくなることで、地元に残ったりＵターンした同級生などのウエイトが高まっている。生殖家族（とくに妻）がコンボイでありつづけてくれることが、帰郷が可能となったひとつの要因のようにも見受けられる。「持続的な自己イメージ」は、ある集団における重要な一員ということだろう。自立した近代的個人と言いながらも、企業村における有能な職業人であった自己から、「ムラの重要な一員としての自己」へという位置づけである。定住タイプとは異なる職業人としての有用性を証明することで自己確認をおこなっているように思われる。

2.3.3 市内Ｉターンタイプ

　市内へのＩターン者には、「住宅地流入タイプ」、「仕事上の流入・定住タイプ」、「篠山愛着タイプ」がある。

　「住宅地流入タイプ」は、JR福知山線の複線電化や舞鶴自動車道のIC設置にともないさまざまな住宅地が形成された結果として発生した。大規模な開発地ではそこをエリアとする自治会が形成され、自治会長となっている。いわゆる郊外住宅地の典型的な自治会運営をおこなっているものが多く、篠山市の多くの自治会長とは異質な存在となっている。他方、ミニ開発の場合については、自治会に加入しないものや加入していても地元の住民が自治会長をするため、自治会長となる人は少ない。

第 3 章　地域のくらしを支える——自治会長のライフコースから

「仕事上の流入・定住タイプ」としては、工場移転や転勤などに伴い篠山市に移住し、篠山市内に住みつづけるために転職した人がいる。新住民も多い地域のなかで新旧住民のあいだをつなぎながら自治会長をしている。

「篠山愛着タイプ」としては、退職後、芸術活動に専念するために自然と歴史文化を求めて篠山市に移住した人がいる。まちづくり活動をはじめ地域の人びととのつながりも多く、地域の伝統を理解し、尊重した暮らしをしている。集落の中に違和感なく受け入れられており、自治会長も当然の義務としておこなっている。

人びとの「文化的道筋」は基本的には近代職業人としてのそれであろう。篠山への移住の仕方によって「道づれ」は多様であり、住宅地や出身地の都会のみに道づれを見出している人もいる。篠山市という共通の自己イメージの基準を持たない人びとを今回設定した枠組みで説明することは困難である。

3. 平成の大合併後の地域づくりと自治会長

3.1　大合併の地域課題と自治会長

かつて篠山の集落の多くでは、農業を中心とした集落の維持がおこなわれていた。ムラの共同作業も環境管理も祭りも、ムラの暮らしを維持するために住民みんなが当然担うべきものであったし、そういうムラの仕組みを統括する自治会長に求められる役割も既定のものであった。そのため自治会長は伝統的な農村リーダー＝名誉職的なものとして地域の有力者が果たすものであったと言えるだろう。その集落の構造が高度成長期以降に変化してきた。農外収入が増大し、集落が生産の場から消費生活の場としてのウエイトを強めていく。それにしたがって、自治会長の地位は低下していった。地域の世話役、事務処

理者、行政情報の伝達者となっていったのである。しかし、集落の人口減少や少子高齢化が進むようになると、自治会長には新しい役割が期待されるようになってきた。合併によって行政サービスが低下し、自助や共助が求められるようになる。地域環境の維持や地域福祉の充実などを集落が再度担う必要が出てきた。そのような仕組みを創り出す改革者としての役割、地域づくりのリーダーとしての役割が自治会長に期待されるようになったのである。また、まちづくりに関する補助金や競争的資金の獲得をおこなえる事務能力や企画力も自治会長に望まれるようになってきたと言えるであろう。

　しかし、このような自治会長に求められる役割が増大するにもかかわらず、自治会の内実そのものが地域によって大きく変化してきている。篠山盆地を囲む丘陵部には、小規模な集落が点在している。とくに谷間の奥などに位置する集落では、人口減少や高齢化によって集落維持が困難となってきた。篠山盆地の中央には圃場整備された優良な農地が広がっている。そこには比較的豊かな農業集落が多いが、高齢化や後継者難が少しずつ始まっている。また、伝統的建造物群がある篠山城祉周辺の商業地域や立杭焼の産地など歴史的伝統を感じさせる個性的な地域では、その資源を生かした地域づくりが求められている。他方、篠山市の西部は交通条件のよさから阪神圏の郊外住宅地としての開発がおこなわれて混住化が進展した。今までの自治会規範の見直しが必要である。さらに大規模ニュータウンにおいても、居住者の高齢化により空き家が発生するなど新たな対応が求められている。このような状況に、自治会長はどのように対応しようとしているのか。以下ではそれぞれの地域における自治会長の代表的なライフコースと自治会活動の諸相を紹介したい。

第 3 章　地域のくらしを支える――自治会長のライフコースから

3.2　集落維持が困難となっている地域
3.2.1　崩壊寸前の集落を支える（市内定住タイプ）

　A集落は、丘陵地の谷間に位置する小集落で、幹線道路から集落につながる道路はその先で行き止まりとなっている。森林のあいだにわずかに耕地が開けており、シカなどの獣害が激しくなっている。1965（昭和40）年頃には12戸があったが、今は8戸になってしまった[1]。8戸のうち3戸は「寄留民」で、氏神の八幡神社の氏子は5戸となっている。「過疎高齢化で限界集落はよくあるが、限界集落をこえた崩壊集落と言えるだろう。隣の集落との合併を考えリーダーに声をかけているが、お宮さんの問題、財産の問題がある」と自治会長は語る。

　自治会長は、5キロ先の小学校まで10人の児童で集団登校していた[2]。高校は篠山産業の東雲分校（昼間定時制）へ1時間かけて通学した。篠山町役場に測量のバイトに行ったのを契機に、職場実習、臨時採用を経て役場に本採用になった。仕事をしながら、林業と農業をつづけてきた。農業は5反弱だが、季節的な農作物があり、年間のスケジュールは、春の田植え→山椒→お茶→秋の収穫と栗→まつたけというもの。まつたけが出るころは村山を入札でやっていた。今は早期退職して、県の三田土木事務所に嘱託で週4日勤めている。

　村の伝統行事は、縮小したり日程を土日に移しながらも主だったものは継承している。お正月に帰郷する人のために、元旦の初詣を当番がたき火をして迎え、供えたお神酒をいただくというのをここ15年前からつづけてきた。墓掃除は、8月の第一土曜日で、それと合わせて環境整備をしている。村勘定は半期ごと。八朔まつりは、9月の第一日曜日にし、合わせて上半期の勘定と会食をする。秋祭りは10月の第三土日である[3]。そして、3月末に下半期の勘定をする。村の役は、自治会長、副会長（会計と農会長を兼務）、衛生委員、体育委員（隣の集落と共同）、地域づくり推進員で、みんなで分担している。会合は

119

25日に定例でおこなう。「寄留民」は、会合には出ないが、河川の整備には環境ということで出てくるそうだ。

　高齢化率が60％で、もっとも若い人は25〜26歳だ。自治会長宅も他出子に孫が就学するときに帰ってこいと言っているが、そのまま「ズルズル」となっている。「ここに帰ってきても、仕事がないから無理は言えない」がその理由である。定年退職でUターンする可能性がある人も一人いるが、「帰ってきても財産がようけないから、年金をもらいながら余生」を送るだけになるから帰らないかもしれない状態である。20年後の地域は、会長宅と副会長宅の2戸しか残らないかもしれない。山や田んぼは放任状態だろう。「できるだけUターン、Iターンを掘り起こすしかない。」逆にこんな地域がいいと結構人が入ってくるかもしれないとの希望もある。

　行政職員を辞めてから、一地域の住民だとの意識が強まった。行政が自治会長に押しつける部分は確かに増えた。何でも自治会長に頼むという発想が強まっている。市からは郵便物が来ない日がないほどだが、「行政にいたからわかっているから、間引き運転はするけど」と仕事をこなしている。

3.2.2　二地点居住で自治会を支える（Uターンタイプ）

　B集落は、京都府との境界に位置する10戸の集落で別にゴルフ場の社宅がある。京都府側は道路も細くなりごみの不法投棄がおこなわれていた。共有林の一部は売却されゴルフ場となっている。かつては集落の世帯主の1/3が杜氏として出稼ぎに行っていた。現在の居住者のうち非農家は半分で、Iターン者が一人、一人ぐらしの高齢者が2人いる[4]。他の家は三世代同居。もっとも若い後継者は25歳（長男）だが、最近結婚して三田に住むことになった。住人の勤め先はコンビニやゴルフ場。世帯主は、京都や阪神間で働いている人が多い。道沿

第3章　地域のくらしを支える――自治会長のライフコースから

いに農地が広がっているが、獣害防除の網が張り巡らされている。他出した旧家の耕作放棄地と朽ち始めた空き家を共同管理しており、草刈りなどの手入れ費を他出者から徴収している。

　自治会長は、3人兄弟の長男で、1945（昭和20）年生まれ。地元の小中学校を卒業後、鳳鳴高校の商業科で学ぶ。卒業後家電メーカーに入社し大阪本社の独身寮（守口市）に入った。25歳で代理店に勤めていた京都出身の女性と結婚。家電メーカーの社員として、大阪、仙台、札幌、東京、札幌、東京と転勤してきた[5]。「仕事では得意先に喜ばれることを大切にしてきたので、上司とはうまくいかなかった」こともあり、早期退職して少し暇になった。まだ住民票を移してなく、家族のいる千葉と行ったり来たりしている。自治会長になって、福住校区の総代会やまちづくり協議会などの集まりがあり、最近は篠山にいることが多いそうだ。

　B集落はいろんな課題が集中しており、自治会長は遊休土地の有効利用を考えている。空き家の効果的活用のために市に応募したが、市が所有者に連絡できずダメだった。畑を貸していいという人があり、黒豆の栽培を検討中だ。隣の集落では生産組合で農地を管理しているが、B集落は淡々と個人でやっている[6]。

　自治会長には、去年就任して、今年の4月から規約をつくった[7]。9軒で自治会の役割を決めなければならないので、いくつかの役を兼ねるのは当たり前で、女性が役につくことも増えた。一般に祭りや市民運動会の後に懇親会をするが、それとは別に5月5日に飲み会をすると、他出者もいっぱい帰ってくる。5年前の集まりには30人以上が集まった。公民館に集まり、子どもとか旦那とかもいっしょだったが、こんなにパワーがあるのかと思ったそうだ。自治会活動は、みんな片手間でやっており難しいことは言わない。毎月24日午後8時から集会をやっている。働いている人が多いのでこの時間からになっている。

将来のためにどうしようかという活性化が大きな問題。このままでは20年後は5軒ぐらいしか残らない。そのため外部から人を呼びこむ必要がある。

3.3　伝統的な農村集落地域
3.3.1　伝統的な仕組みを維持（市内定住タイプ）

　中世の城下に広がる由緒ある農村集落で、平均耕地面積が1町足らずと篠山市では広い方である。かつては農業と酒造出稼ぎで生活を支えていた。歴史に誇りを持つ豊かな集落であり、圃場整備された優良農地が広がる。獣害の影響を受けるのは一部地域に限定されている。農地としては1等地であり、耕作しやすいせいか、放棄地は今のところない[8]。世帯数は、40戸前後で2～4軒へった。空き家は、時々帰る人が1軒。放置されていて崩れそうなのが2軒、更地になったのが1軒ある。ここ10年前後の流入者は3軒程度。篠山の人が移住してきていて、ぽつぽつ入っている状態だ。70歳以上は、23人。70歳以上の独居高齢者は、女性ばかり3名。ときどき子どもが帰ってきて、様子を見ている。小学生は9人で、中学生は6人いる。

　自治会長のC氏の祖父は農業をして、冬は杜氏として出稼ぎに行っていた。父は中学校の教員である。C氏は篠山中学校の後、鳳鳴高校普通科を経て奈良学芸大学（今の奈良教育大学）に進学し寮に入っていた。卒業して、兵庫県に教員として採用（中学　社会）になり、伊丹に赴任した。伊丹に4年ほどいて、三田市内を転任した。結婚相手は、職場で知り合った教員である。現在同居する長女夫婦は二人とも篠山市内で教員をしている。

　区長（自治会長）は、父もやっていた。定年退職してから声がかかって区長を引き受けることになった。自治会では、協議費という運営費用を集金している。そこから役員には、手当をだしている[9]。

第 3 章　地域のくらしを支える――自治会長のライフコースから

多くのしきたりがあり、村入りは、はいるときに 10 万円入金するが、共有林の組である山郷には入らない。人生の節目における村への寄付も多い[10]。自治会の集会は、毎月 27 日にしており、議事の内容をレジュメとして作成して配布している。自治会には書面化した規約はなく、口伝えである。日役は鉄道敷と平行している排水路の斜面の草刈りを年に 2 回と篠山川沿いの南側の河川敷の草刈りを年に 1 回する。農家や非農家に関係なく、全員で刈ることになっている。60 歳くらいまでは出不足料を取っている[11]。

役員の年齢は、会計 60 代後半、水利 80 代、山郷 40 代、衛生 60 代、農会 50 代である。一期 2 年であり、選挙で決めている。40 世帯ほどだが、根回しや調整なしの完全選挙である。選挙では、3 役の自治会長、会計、水利について 3 名連記して、もっとも多い人から順に会長、会計、水利となる。残った人が残りの 3 名の役員となる。

合併して、このあたりの生活の変化はとくになかったが、行政サービスが落ちてきていると思う。農協も移転してしまった。

3.3.2　企業の森づくりにチャレンジ（U ターンタイプ）

D 集落は平野部から入り込んだ谷筋に広がる地域で、2 本の川が Y 字型に交わる部分を中心に、4 つの「最寄」で構成される。集落の中心部には厄除八幡神社があり、1 月に厄神祭、6 月に村祈祷、10 月に秋祭りがおこなわれる。そのなかでも厄神祭には能勢の天王や三田の母子などからの参拝もあり、臨時バスが運行された時代もあった。また、古墳群や廃寺跡が点在し、近年は「ほたるの里」として注目されている。しかし高齢化が進み、葬祭の運営にも支障が生じてきている。農家一戸当たり耕地面積は 7 反（70 アール）ぐらいで、栽培環境も決して悪くない。新しいことにチャレンジしようとする意識がやや薄かったが、最近は空き家に転入する新住民の活動などで、旧住民の意

識にも変化が感じられるという。分け隔てなくムラの活動にも参加してほしいが、山林等の共有財産が悩ましい問題である[12]。

　自治会長は農家の長男で、地元の小・中学校から高校を経て、県内の私大に進学した。3年生までは下宿し、4年生の時は自宅から通学。卒業後は地域金融機関に就職し、勤務の関係で宝塚、伊丹、横浜、国立、西宮、塚口と住居を変えた。伊丹の住まいの時に茨木市の女性と結婚し、出身地である篠山支店を最後に退職している。Uターンを考えはじめたのは、篠山に転勤したことと両親が年老いて入退院を繰り返していたことなどが契機で、人生を考える節目だった。金融機関が危機の時期でもあり、妻の同意もえて決意した。故郷を離れても盆と正月は実家に帰っていたこともあり、比較的スムーズに地域にとけ込めたという。2002（平成14）年に父が亡くなって見よう見まねで農業を始め、完全に勤務をやめて農業に専念してから4年ぐらいだ。

　自治会へのかかわりは、2001（平成13）年ごろから会計を手伝うようになった。現在は、「ムラのことはやらんといかん」ということで自治会長をしている。自治会長をしていると「まちづくり協議会」の仕事も入ってきて、その量も結構多い。会長は何も権限がなく、住民の意見を聞いたうえで多数の賛同のあるところを進めていかねばならない。自治会の3役（会長・副会長・会計）の選出は、4つの最寄から2名ずつの隣保長8名が選考委員となって決定する[13]。決定した会長、副会長、会計に8名の隣保長が加わって定例役員会を毎月1回開いている。定例役員会メンバー以外にも各種委員がおり、福祉、交通、男女共同参画委員は40〜50代の女性である。Uターン者として自治会長をしていると、「以前の自治会長のように"もっと地道なことをせんかい"と思われているだろうが、今は遊びみたいなこともやってみて、どんなに変わるか見てみたい」そうだ。

　最近空き家が増え、休耕田も多くなってきた。その対策のため新し

い取り組みも必要だ。昨日、県民局と市が進めている事業「企業の森づくり」のスタートセレモニーがあった[14]。10年後のD集落は、田んぼは草がぼうぼうになって半分ぐらいしか耕作していないのではないか。現在、小規模農家から借り受けて4〜5町耕作している人が80歳代になってしまう。どうなるのか不安だ。昔は、役場の職員がムラにも4〜5人おり、町会議員も一人はいた。誰かの目にとまって地域の問題として対応してもらえた。合併して市になってからは市会議員はこの小学校区でせいぜい一人だ。いろんなことを取り上げてもらえない。しかし行政につなげて解決しなければならない課題は多い。そのために自治会長の役割は、極めて大きくなっている。

3.4　商業・伝統産業地域
3.4.1　レトロなまちづくりを展望（Uターンタイプ）

E町は篠山城周辺の商店街に位置する。2008（平成20）年10月に2つの自治会を統合してひとつの自治会となった。鉾山を管理し、他にもいくつかの伝統的なまつりがある。自治会統合の理由は、神社の大年番をひとつの自治会で担うのが困難なためであった。2年ほどかけて財産問題と会計の調整をおこない統合にこぎつけた。高齢化が進んでおり、75歳以上は38名、70歳以上を含めて高齢者のいない家の方が少なく、65歳以上は50％前後となっている。

自治会長は一人っ子で、実家は現在と同じ履き物屋をしていた。篠山小学校、篠山中学校を経て、鳳鳴高校の商業科に進学。卒業後は、大阪で就職して経理関係の仕事している。大阪時代に結婚、しばらくは広島に勤務していた。36歳のころに篠山に戻ってきた[15]。近くの同世代の人たちはすでに戻ってきていた。戻って家業を継ぐと、代がわりということで、父親に言われて、いきなり自治会の集会にも出た。また、篠山商工青年会議にどっぷり入って活動した。41歳のときに、

篠山町の町会議員に立候補して、議員になった。議員は2期つとめて、合併前にやめている。また、鳳鳴高校の同窓会（全体）の副会長をしている。

自治会の加入率は、100％である。自治会の役は、会長、副会長2名、会計、体育委員2名、衛生委員、交通委員、福祉委員、人権委員、組長7名、事業委員6名、氏子総代である。女性は、男女共同参画委員、福祉委員、あとは組長で数人。この地区には、いわゆる財産区はない。共有財産は公民館と鉾山になるので、合併しやすかったと思う。お葬式は組ごとにやっているが、最近は葬祭場を利用する人が増えており、自治会でやることはほとんどなくなっている。地区の清掃作業は年に一回やる。町内のゴミ拾いと裏の川の掃除があり、皆さんに参加してもらう。また、デカンショ祭りの飾り付け作業があるので、それにもみんな出てきてもらう。欠席しても出不足料はとっていない。

この町は景観が、昭和30年代の雰囲気だと思う。それをいかしたまちづくりができないかということで、「昭和縁日」をやるようになった。一日だけだが、レトロな雰囲気で写真展示や出店、オート三輪を展示したりしている。この町をどう売り出すか。若者がいれば、もっと人も増えると思うが、至難のこと。この町には、お寺も、神社も多いしお祭りも多いので、東京の巣鴨や昔の銀座のような、高齢者が楽しいと思う町でもいいと思う。「篠山は、都会に媚びたらあかん、都会に媚びなくても来るようなまちにしないと」と語る。

3.4.2　立杭焼のまちづくり（市内定住タイプ）

F集落は、陶芸美術館、陶の郷などが整備され窯業のまちとしての風格が整った地域である。自治会加入世帯は75戸であるが、そのうち40戸が立杭焼にかかわっている。「半陶半農」の兼業農家が多く、残りはサラリーマンである。金毘羅神社と住吉神社があり、Iターン

第3章　地域のくらしを支える——自治会長のライフコースから

者など2軒を除き氏子になっている。伝統行事は氏子の持ち回りで守りつづけてきたもので、神事が中心だったが、今は行事と夏祭りをいっしょに実施するようになりイベント化している。

　自治会長の家は、代々立杭焼をやっている。当時の流行りによって、中学、高校は三田の私立学校に通った。親は無理してでも進学させるという感じだったそうだ。高校卒業後、京都の陶芸専門学校に通い、卒業後すぐに立杭に戻って家業を手伝った。会長で5代目であり、跡を継ぐのは当然という意識だった。ほかの職業にたいする熱い想いはなかったという。

　現在の自治会の最優先課題は地デジ対応で、住民の関心度も高い。テレビ組合運営により誰も困らないようにしていく。要望を出していかないとやってくれないので、生活環境の改善として、県道歩道の早期完成について要望を出している。自治会役員は10人。副会長から会長になるルートが定まっており、会長は1期（2年。但し2010（平成22）年より1年に）のみである。会長は「あがりポスト」の位置づけで、それで「お役御免」となる。世代からつぎの世代へ役員が継承されている[16]。

　県の歴史的景観形成地区になったが、目標がはっきりした成果主義的なものでないので、住民や役員のなかでは優先課題になりにくい。観光はこちらが引っ張っていかなければならない。丹波立杭陶磁器協同組合は一生懸命頑張っており、活性化につながっていると思う。自治会としては助かっている部分がある。合併後は自立的にやっていこうという気概がでてきている。商工会のメンバーも結構多く、人材が集まっている。陶器組合では、各窯元のホームページを運営している。

　合併してよかったことは体感していない。日常の上水道・飲料水が、それまではおいしいと言われていた旧町の水源の水だったが、強制的に県水になった。本庁に目を向けないと仕事ができない。ちょっと用

事があると、本庁にでかけないといけなくなっている。

3.5 混住化地域
3.5.1 まちに馴染んだアーティスト（Ｉターンタイプ）

　G集落は、篠山城の北側の農村部に位置する。もともとから住んでいる人は農家であるが、新しい住民の流入により、農家と非農家が半々になっている。地域の高齢化は進んでいるが、3世代同居も多く、子どもたちの数はむしろ増加している。鱧切り祭りという伝統的な祭りがある[17]。また、1月は初寅まつり、2月は八幡神社の厄除けまつり、4月は薬師如来と大師講、7月は毘沙門天の夏祭りと八幡神社の麦初穂、8月は野墓の掃除、9月は春日講と大日如来祭、11月は三蔵法師まつりと八幡神社のお初穂と年間行事が目白押しで、代々うけ継がれた伝統を今も守りつづけている。

　自治会長は大阪の生まれ。仕事の関係であちこちを転々としていたが、10年ぐらい前に仕事を辞めて、吹田市から移住してきた。「JRでも車でも大阪から1時間程度で来ることのできるところ。適当に田舎で適当に町。城下町であるというのが魅力」と篠山を選んだ。G氏は趣味の版画で生き物を題材にすることも多く、自然の多い田舎に住むのもいいと思い、奥さんは畑や花をいじるのが好きなので、田舎に来ることに抵抗はなかった。自宅はギャラリー兼アトリエとして活用され、ささやま自然の会、図書館友の会、酒造りの会など「都会でできないことをいっぱい」やっている。

　自治会は5つの組で構成されている。1組から4組がもとからの組、新しく住宅開発されたところが5組である。役員は各班から組長1名。会長1名、副会長2名で、そのうち1名は会計。まちづくり推進委員が2名である。農会長、農家総代、氏子総代、寺総代は、「もとの人たち」でやっている。役員は、推薦委員が5年ぐらい先まで順々に決

めていく[18]。役員会は年5〜6回。常会は毎月1回28日。議題は、翌月の催しものの協力依頼や市からの要請を伝達する。出席率は70〜80％。会費は月1,000円だが、最近足りなくて役員への支給を半額にした。会長がここへきて一番初めに買ったのは草刈り機だった。「慣れない草刈りだが、われわれが住む環境を美しく保つためにやっている」。会長として、子どもたちに村のことを知ってもらおうと、地図をつくって子どもたちと回った。八幡神社のところで、ホタルの観賞会もやっている。

3.5.2　封建的な自治会を刷新（市内定住タイプ）

　H集落は市西部、鉄道駅や高速道路のICから篠山旧市街につながる交通の要所にある。マンションや教員住宅が建設され新住民が増加している。山は個人所有と共有林があり、共有林は自治会が管理している。山の権利は、氏子のみが持つ。会長ら9名が立ち上げた営農組合で耕作放棄地の管理をしているが、山裾はほったらかしになっている。組合のメンバーには農会長も副農会長も入っており、転作の黒豆も栽培している。

　自治会長は祖父が味間農協の組合長、父親が兵庫県経済連から篠山農協という家の出身である。味間小、味間中から鳳鳴高校を経て大阪の大学へ。大学時代、大阪の吹田まで2時間半かけて通学していた。大学卒業後、農協に就職し、その後、兵庫経済連に入った。60歳の定年まで37年間ずっと2時間半かけて神戸まで通勤し、農業（7反）もやっていた。「経済連時代は、朝5時に家を出ていた。酒の席のつき合いがあったが、健康のために通勤していた。酒のつき合いのときはタクシーで帰宅。どんなに遅く帰ってもつぎの日にはけろっと出勤できる人が出世する」と語る。現在は4反5畝。同居している次男が花の園芸ハウス（花壇苗）をやっている。

10年前に定年して帰ってきたときは、部落会でもっとも若かった。すぐに副会長になって3期6年、今は会長1期目である。副会長時に規約をつくっている[19]。

　自治会は5班に分かれ、隣保長は毎月あるいは2か月に1回の輪番制となっている。役員は自治会長、副自治会長、会計、会計監査、環境衛生委員、人権まちづくり推進委員・男女共同参画推進委員、体育委員、民生福祉委員、防犯推進委員・交通安全委員、八幡神社氏子総代、農会長、副農会長で構成される。常会は会長が副会長のときにやめ、役員会を毎月開催している。総会はないが、総会の代わりに年1回3月に会計報告をやっている。自治会費は年1000円。村用は、他出している人は呼ばないが、息子を呼んでいる家もある。取り始めると皆それで済ますため、出不足金も取っていない。村の行事としては、12月の耕造講、正月が過ぎてからの新年会がある。新住民に呼びかけはするが来ない。また、八幡さんの秋祭りも新住民からの氏子料は取っていない。地域にある病院と地域医療を盛りたてる意味もあり夏祭りを実施している。盆踊り、少年少女合唱団、手品などの出し物があり、子どものいる新住民も集まっている。

　「篠山農業は黒豆、山の芋、米の特産品があるので豊かで欲がない。農協が新規就農に動かない。市も逃げて、普及センターも逃げている。篠山市は農都宣言をしているが、JAは協力しない」と将来を心配している。最近、営農組合が主体で黒豆収穫のバスツアーを始めた。若い人の農業への関心を高める取り組みでもある。

3.6　ニュータウン地域　～大規模団地の自治会運営～

　I地区は、30年近く前に開発されJR篠山口駅近くの丘陵地に広がる大規模なニュータウンである[20]。

　自治会長の生まれは大阪の旭区。そこから結婚して交野、枚方に住

第3章 地域のくらしを支える——自治会長のライフコースから

んでおり、子どもの戸籍も交野にある。「ここはたまたま住んでいるところで、住んでいる以上コミュニティを大事にせんなんとは思うけど、篠山はふるさとでもない。むしろI地区に住んでいる感じだ」という。

自治会組織は、6ブロックに分かれ、各ブロックに5～11の班をつくっている。各ブロックにブロック長と配布担当者を設置している。班は14～15世帯で構成される。班長やブロック長は輪番制。役員も各ブロックから何名かを決めているが、副会長まではすべて輪番制である[21]。自治会費は、年間1,100万円ぐらい使っている。そのうち市からは300万、残りは自治会費でやっている。自治会費は月600円で年2回集金している。自治会を脱会している人や働きかけても入らない人はいる。近所つき合いが面倒なためか入らないのは年寄りが多く、若い人は素直に入ってくれる。役員は女性が多く、パートに勤めているので、役員会も夜になる。自治会の行事は、春に総会、8月は夏祭り、9月は敬老会で70歳以上が対象である。この地域でも200人対象者がいる。10月には味間地区の運動会、そして12月に餅つき大会である。総会は代議員制度を取っているから、出席率は9割程度でもめることもほとんどない。

自治会内では高齢者福祉の取組はとくにやっていない[22]。敬老会の催しはこの頃マンネリ化しているが、団地内のバイオリンを弾く親子、中国籍の人で結婚してこっちに来ている中国舞踊をする人、住扇会という踊りのグループなどにお願いしてやってもらう。口コミで聞いて頼んでいる状況だ。

この頃、空き家がちょこちょこできている。年寄りになってきたのと、経済状態か。ローンの関係か引っ越す人もいる。よく売りに出るようになった。高齢になったら、ここでは住めないということで、子どものところに行くというのはよく聞く。逆に親が最近いっしょに住

むようになるというのもある。住民の息子が、この近辺に住むこともある。この中には、もともとの篠山の人が移り住んだというのはほとんど聞かない。郷土愛とか言っても、篠山というのはピンと来ない人びとが住む地域となっている。

4. 集落の新たな担い手として

　篠山市は、風格ある地方都市として独特の地域力を持っている。歴史的に積み重ねられてきた、都市との独特のスタンスの置き方とそれによる「郷土」への誇りや愛着が、ふるさとを支える人材を生みだしてきた。

　現在自治会長となっている60代には、専業農家はほとんど見られない。この時期、酒造出稼ぎ者も急減した。選択する職業や集落の地理的・交通的条件によって、市内就業者、通勤者、他出後帰郷者が出現した。彼らの多くは、家や農地を守るため、篠山市に残り、帰りそして現在は集落の維持にも尽力している。

　多くの集落で、農村的な集落維持のルールが色濃く残っている。しかし一方では戸数の減少と高齢化、他方では混住化によってそのルールの変更が始まっている。共有財産をどう維持・管理するかも大きな課題となってきた。

　自治会長には、後継者との同居者が比較的多いように感じられた。公務員、教師などの職業につく後継者を育てているためである。また、窯業、造園業、建設業兼農業などの業種で、後継者が残っていることも確認できる。

　篠山の集落は、集落維持のための新たな担い手を必要としている。それを担うのが、合併後の人員削減等により地域にもどった自治体職員や、早期あるいは定年退職した企業転勤族である。60代後半より

上の自治会長が農村型の価値意識を重視した自治会運営を維持しようとする傾向があるのにたいし、上記の自治会長は規約づくりや補助金導入など、事務能力を活かした自治会運営を進めている。行政 OB では、まちづくり協議会など行政の意向を酌んだ地域活性化への取り組みに手腕を発揮し、企業 OB は補助金プロジェクトなどの競争的資金の獲得で自己をアピールする傾向がみられる。なお、人材が枯渇しつつある集落では、自治会合併への動きが加速することが予想されるとともに、外部の知恵や人材を活用することが集落維持の手段として活用され始めた。これらの動きの中には、農林業を基盤に成りたっていた集落のあり方を重視するものと、集落のアイデンティティを祭りや行事など農業以外のものに求めるものという 2 つの方向があるように考えられる。

合併から 10 年以上を経過し、篠山市ではまちづくり協議会をはじめとして住民の自主的な取り組みが定着しつつある。行政の依頼による活動や県の補助金を目当てにした活動ではなく、地域の課題解決を目指す活動が住民の中から生みだされてきた。それを可能としているもののひとつが、集落の重要な担い手として自己をイメージし取り組みを進めている自治会長にあることは間違いない。

【注】
1 　分家の子どもたちが、都会へ出て行って帰って来なくなったのが要因で、最近では跡取りが急に病死し、おばあさんが亡くなり、孫も出て行った家もある。
2 　通学をいっしょにしていた仲間で残っているのは、長男で JA に勤めていた一人のみである。
3 　昔は手作りの神輿だったが、子ども時代の思い出を残すために神輿を買い与えたという。2 つのお宮さんに神輿を 1 基ずつおいており、お祭りになると集落まで巡行で入っていた。

4　農家では稲は5人ともつくっており、野菜をつくっている人もいる。地域の空き家に、龍神村出身の大阪で工務店をしていた40代の人が入居し、大工をしている。自治会長宅の84歳のおばあさんのほかにもう一人、85歳の一人ぐらしの高齢者がいるが、次男の家が火事になって今は同居に近い形である。
5　30年間ほとんど帰っておらず地域の記憶は空白に近い。昭和22年生まれの次男は亀岡に住んでいて田植えなどをしてくれており、B氏自身はやったことない。
6　サラリーマンが多いので、作業日がいっしょになるので機械を共同で買うということもできない。昔は耕作しない調整水田はお金をもらえた。今はないが、農地が荒れるのでいつでも植えられるようにトラクターで耕すだけはしているそうだ。
7　一人ごねる人がいたらなかなか話がまとまらずに困ったことになり、規約をつくってはっきりさせるという。規約では自治会役員の報酬も決定されている。
8　持ち主が耕作せずに、委託しているところはある。農業をしているのは、60代が中心で、子世代が手伝っている家もある。
9　昔は、地代で計算して、現金ではなく米で払っていた。今は、1升400円換算して現金でもらう。協議費の計算は、田、宅地、山林、雑種地など固定資産税の評価額にもとづき計算する。地目の合計額にかける係数は、毎年調整するそうだ。
10　結婚のときには、男女関係なく長子のみ3万円を入金。産入米として男女関係なく長子が15歳になったときにお金を払う。新築披露は、家を新築したときに3万円を入金。定年で辞めたときに5万円から10万円を退職披露として寄付する。これは、公務員など定年がはっきりした人の場合が多い。
11　実際には、その日に出られない人は、事前に一人で2時間くらいの作業量にあたる面積を刈ることで、出不足料は、払わなくてよい。また、高齢者の家は、1か月くらい前に連絡しておくと息子が刈りに来る。
12　転入して最初の頃は、共有財産の権利までも意識せずに村用に参加してくれる。その後事情がわかってくると、"目に見えない壁"ができてくるようだ。
13　選挙は個人の事情を考慮しないから、選考委員が事情を考えて決めることにしている。以前は出稼ぎに行く関係で女性が自治会に出ることが多かったが、出稼ぎがなくなってからは少ない。やはり女が出しゃばってという風潮が残っている。また共有林の調査などは女性には難しいと

第3章　地域のくらしを支える――自治会長のライフコースから

　　いう。
14　NPO法人エコラクラブの兵庫支部が会員募集をしておこなうもので、厄神さんのある鎮守の森周辺の里山整備と川堤にはびこっている竹林の伐採を進めていく。
15　また転勤の話が出たためである。親も高齢になってきているし、自分も一人っ子なのでそろそろ踏んぎりをつけようと思ったそうだ。
16　この間、会長候補の人が健康上の問題で無理とことわったが、それ以外は役員をことわると「わがまま」と思われる状況にある。行政の一環を担っているから、自治会長の仕事は大変で、事務仕事が多い。たとえば、報告義務では、資料集め、整理、作成の作業となる。パソコンの作業はできないので、息子さんに編集を任せているそうである。
17　2mぐらいの鱧をヤマタノオロチに見立ててそれを退治する祭りである。篠山市の無形文化財第一号に指定されており、10月の第3土曜日に開催される。みんな裃着て、総勢20人ぐらいが出るが、新年明けに早々に役員を決めておこなう。衣装は、昔からの住民は自前で、新住民は自治会から借りている。
18　この決め方は、急に決まってもできないことがあるから、予定しておいてもらうという意味がある。新しく入って来た人も役員になる。そうしないと自治会が動いていかない。
19　当初、全く意見が通らず自治会の封建ぶりにびっくりしたそうだ。全国の自治会長会副会長までした40年間自治会長の人がいたためで、その人が亡くなったので、一気に変わったという。
20　開発業者が途中倒産しさまざまな住宅業者が個別に分譲したため、統一的なまちづくりが十分おこなわれていなかった。地元住民の優先分譲地を中心に住宅が建設されないままの空き区画が残る。規模の割に生活関連施設が整備されていないというが、団地の下に、幼稚園、小中学校、スーパーがある。
21　会長は輪番ではなく、前会長と副会長が年金生活者などに目をつけて頼みに行く。会長のなり手がいない場合は、会長不在として副会長が自治会を代表して外の会合などに出ている。
22　デイサービスは住宅地から車で20分ぐらいの岡本病院の老健施設や、兵庫医科大学の篠山病院の付属の老健施設がある。ちょっと離れたところに特別養護老人ホームがあり、そこでもデイサービスをおこなっている。

【参考文献】

鯵坂学, 2009, 『都市移住者の社会学的研究』法律文化社.
蘭信三, 1994, 「都市移住者の人口還流——帰村と人口Uターン」松本通晴・丸木恵祐編 『都市移住の社会学』世界思想社, 165-198.
古川彰, 2007, 「村の民俗・伝統文化」日本村落研究学会編 『むらの社会を研究する——フィールドからの発想』農山漁村文化協会, 23-30.
松本通晴・丸木恵祐, 1994, 『都市移住の社会学』世界思想社.
守田志郎, 2003, 『日本の村——小さい集落』農山村文化協会（復刊）.
奥井亜紗子, 2008, 「篠山市の同郷団体と「郷土」意識——地域エリートの類型化に関する一試論」浅野慎一・岩崎信彦・西村雄郎編『京阪神都市圏の重層的なりたち——ユニバーサル・ナショナル・ローカル』昭和堂, 327-342.
奥井亜紗子, 2011, 『農村－都市移動と家族変動の歴史社会学』晃洋書房.
D. W. プラース＝井上俊・杉野目康子, 1985, 『日本人の生き方——現代における成熟のドラマ』岩波書店.
杉本久未子, 2005, 「尼崎公害患者のライフコース研究に向けて」『同志社社会学研究』第9号, 15-26.
杉本久未子, 2008, 「里山を保全する——都市の視点・地元の視点」浅野慎一・岩崎信彦・西村雄郎編『京阪神都市圏の重層的なりたち——ユニバーサル・ナショナル・ローカル』昭和堂, 343-355.
杉本久未子, 2009, 「周縁から見る自治体合併——兵庫県篠山市の事例から」『大阪人間科学大学紀要』第8号, 67-74.
鳥越皓之, 1994, 『地域自治会研究』ミネルヴァ書房.
徳野貞雄・木村亜希子, 2008, 「集落維持とT型集落点検」第56回日本村落研究学会 報告資料.
山下祐介, 2012, 『限界集落の現実』ちくま新書.
山本努・徳野貞雄・加来和典・高野和良, 1998, 『現代農山村の社会分析』学文社.

コラム 4

大山振興会と里山オーナー事業

　農業のイメージの強い篠山ではあるが、農業は篠山盆地を取り囲む里山の恵みと深く関係している。その篠山の里山の豊かさを代表するのが大山である。

　篠山市の北西部に位置する大山地区は、地区の中央を流れる大山川とその支流に沿って 14 の集落が形成されており、2010（平成 22）年の世帯数は 547、人口は 1,562 人となっている。長い歴史を持つ地域で、東寺の古文書（845 年）にすでにその名前が記録されており、平安時代から鎌倉・室町時代を経て戦国時代にいたるまで東寺領の荘園として発展してきた。

　天保の大飢饉の時代には、6 か所の山林に「趣法山」を設定して、ミツマタ、コウゾ、ウルシなどを植え村の財政を立て直したとされる。趣法山ではその後、スギ、ヒノキ、マツなどの植林経営がおこなわれ、材木の売り上げが互助や公共事業にあてられてきた。「山よ　緑よ　ふるさとよ」というスローガンが示すように、大山地区は、山づくりによって地域の繁栄を支えてきたのである。

　その趣法の精神を今に伝えているのが「財団法人　大山振興会」である。1955（昭和 30）年の合併に際して共有林の持ち寄りを避け、1971（昭和 46）年に財団法人を設立して地域の共有財産である山林を管理してきた。森林作業は集落の出役で賄われてきており、かつては年に 1～2 日

大山荘の里市民農園滞在施設
（撮影　杉本久未子）

の出役があったという。森林からの収入は地区の公共施設の建設、下水道の敷設費用などにも使われてきた。また、滞在型の「大山荘の里市民農園事業」、高齢者の生きがいづくりを兼ねた木工施設をもとにした「ねんりん館ふれあい市場事業」なども実施してきた。なかでも林業による都市住民との交流として注目されるのが「丹波おおやま里山オーナー事業」である。

同クラブハウス
（撮影　杉本久未子）

　大山振興会では1990年代以降、NPOが主催する途上国からの林業体験合宿を受け入れてきた。その蓄積を買われて2003（平成15）年に始まったのが、兵庫県の里山オーナー制度である。対象地は人工林と雑木林が混在する3.5haで、1区画10aの土地が25区画提供され2倍以上の応募の中から25人のオーナーが決定した。オーナーたちはワークショップで里山についての座学、間伐実習、広場や道づくりなどを学び、作業に入っていった。その後自主組織「里山オーナー会」をつくり、共同で対象地の整備作業を進めている。共同作業を通じて里山への理解を深め、村の共有林の枝打ち作業に参加したり、市民農園の収穫祭に参加するなどさまざまな交流をおこなっている。

　振興会事務所の隣では、地域の主婦たちが「コミュニティキッチンゆらり」を経営しており、郷土料理の「とふめし」を楽しむことができる。地域の恵みを活用した取組の中に、趣法の精神は今も息づいている。

【参考文献】

杉本久未子, 2008,「里山を保全する――都市の視点・地元の視点」浅野慎一・岩崎信彦・西村雄郎編『京阪神都市圏の重層的なりたち』昭和堂, 343-355.

（杉本久未子）

コラム5　丹波立杭焼

　2014（平成26）年9月のある日、日本経済新聞夕刊の「ライフプラス」に「丹波焼の里を歩く　兵庫県篠山市」が掲載されていた。「兵庫県の丹波篠山といえば、篠山城を中心とした静かな町並み、黒豆やぼたん鍋などが有名だが、もうひとつ見逃せないのが日本六古窯に数えられる丹波焼だ。」として焼き物の里を歩いた体験が語られている。この丹波焼の里は、篠山市今田町の上立杭と下立杭に位置し、道路沿いに窯元が連なる。集落の路地裏を散策しながら、工房とギャラリーを兼ねた窯元でお土産を買ったり陶芸体験をおこなったり、四斗谷川を挟んだ高台に立地する「丹波伝統工芸公園　立杭陶の郷」や「兵庫陶芸美術館」で古丹波や現在作家の作品に触れたりと、さまざまな楽しみがつまっている。地元では「蛇窯」と呼ばれている登り窯や丹波焼の陶祖を祀る陶器神社も魅力的な散策ポイントだ。

　日本六古窯（信楽・備前・丹波・越前・瀬戸・常滑）のひとつである丹波立杭焼は、平安時代末頃から鎌倉時代の初め頃に常滑焼の影響を受けて開かれた。桃山時代以前には、紐作り成形によって茶褐色の素

登り窯　　（撮影　杉本久未子）

陶の郷　　　　　（撮影　杉本久未子）

地にビードロ状の自然灰釉がかかった「古丹波」と呼ばれる甕や壺類が作られていた。慶長から宝暦にかけて、登り窯や蹴ろくろが伝わり、茶器・徳利、摺鉢等が作られた。小堀遠州、織田有楽、古田織部らによって茶味・禅味の思想も導入されている。1752年には周辺に点在していた窯を立杭に集積させ、化粧掛け、筒書き、墨流しなどの丹波独特の手法も開発された。

　大正・昭和初期に空白期が見られたが地域では半農半陶の形で焼物を伝承してきた。1970年代初頭の調査によると、村の40％にあたる28世帯が何らかの形で製陶に従事しており、①植木鉢・酒樽を主とする層、②茶道陶器を主とする層、③民芸品を主とする層、④瓦・煉瓦を主とする層に分化しつつあることが示されている。1978（昭和53）年には「丹波立杭焼」の名称で伝統的工芸品の指定を受けている。

　1950（昭和25）年に設立された丹波立杭陶磁器協同組合には、現在五十数名の事業者が加入する。組合では、坏土工場における陶土の共同生産と組合員への供給、陶土・釉薬・包装資材の共同購入、「陶の郷」における組合員製品の受託販売、作品展示、陶芸教室の実施、各種展示会への出店、陶器まつりの開催などをおこない、地域の産業を支えている。

　　　　　　　　　　　　　　　　　　　　　　　（杉本久未子）

篠山鳳鳴高等学校

第4章 篠山を担う
―― 地域エリートの変遷

奥井亜紗子

篠山産業高等学校

1. 篠山の地域エリート

1.1 地域の担い手を考える
――「丹波篠山山家の猿が花のお江戸で芝居する」――

　近代以降、篠山は山に囲まれた典型的な「田舎」イメージを付与されてきた（水上　1965）。同時に、京都に近く、古くからのたたずまいを残す城下町を有した篠山は、文化的に洗練された「小京都」としても評価されてきた。合併後の財政難、人口減といった、地方都市一般に共有されるさまざまな困難をかかえながらも、なお篠山が「特別な田舎」として多くのリピート観光客を惹きつける一因に、こうした篠山の城下町部と周辺農村部が織りなす魅力の重層性がある。この篠山の持つ「実力」は京阪神都市圏に近いという地理的条件や、あるいは黒豆、丹波栗、山の芋といった比類ない特産品を生みだす内陸型の恵まれた気候風土と関連して言及されることが多い。しかし、こうした種々のアドバンテージをうまく活かして、篠山という類い稀な地域社会を作り上げてきた人びとの存在も抜きに語ることはできないだろう。

　近代以降の篠山は、地方小都市でありながら、戦前は「軍都」として名を馳せ、戦後高度成長期までは「学都」への方向転換を模索し、そして近年は多くの観光客が訪れる「観光文化都市」として存在感を示してきた。こうした変遷の背後には、時代時代に特徴的な地域社会の担い手があり、その担い手層の厚さこそが今日の篠山を築き上げてきたといえる。

　地域社会の担い手といった場合、広義にはその地に住まう一住民まで含まれる。しかし本章では、当該地域社会に一定の基盤を有する「土着」「生え抜き」であり、なおかつ近代以降現在にいたるまでの地域のあり方を大きく方向づけてきた、その意味ではより「中心的」な人びとを、狭義の地域の担い手＝地域エリートと称して、その存立構造

第 4 章　篠山を担う——地域エリートの変遷

と歴史的変遷を概観しよう[1]。

　本章の構成は以下のようになる。まず本節では、近世城下町部のエリート層であった旧士族層が、近代以降、旧藩主の拓いた立身出世ルートに乗って都市転出し、篠山出身者の同郷団体である多紀郷友会を結成して「離郷エリート」化していったことを明らかにする。つぎに第 2 節では、周辺農村部において、旧士族層につづいて地方名望家層が都市転出していくなかで地域を担う人材を育成する機関として多紀実業高等公民学校（後の県立篠山農業高等学校）が設立され、卒業生が「農村エリート」として戦間期から高度成長期までの篠山を担った経緯を示す。第 3 節では再び城下町部に目を転じ、篠山町商工青年会議が城下町地区の発展と観光化を進めるなかで「町場エリート」を輩出してきた経緯を明らかにする。第 4 節では、地域エリート同士の相互交渉の様相とその存立構造の変容を分析し、最後に第 5 節では今後の篠山における担い手像を考える。

1.2　立身出世と都市転出——「離郷エリート」の出現と多紀郷友会

　明治維新は従来の士族に与えられてきた特権をすべて失わせ、身分階層として解体させていくこととなった。旧士族層の近代に関しては、政府や諸藩による秩禄処分や士族授産とその失敗、反乱といった「没落」の側面に焦点があてられてきたが、その一方で、彼らが近代的学校教育と文化的親和性を持ち、官僚や教員、軍人など学歴を資格要件とする近代的組織の俸給生活者となって社会的威信を維持しつづけた事実が指摘されている（麻生　1976、園田他　1995 ほか）。

　篠山藩においても、1870（明治 3）年以降近郊農村部にたいして帰農政策が推進されたが、受け入れる地域社会側との折衝は必ずしもスムーズに進まず、実際に定着する藩士は多くなかった（常松　2010：21-22）[2]。新たな生活の途を模索する旧士族層にたいして、近代的な

エリート層への「転生」の途を拓いたのが旧藩主青山忠誠である。忠誠は 1875（明治 8）年東京赤坂の邸宅内に学生寮「尚志館」を建設するとともに、故郷篠山においても人材育成のための教育機関として藩校「振徳堂」を再建し、1886（明治 19）年には私立鳳鳴義塾（現在の県立篠山鳳鳴高校——以後「鳳鳴」と表記）を設立するなど、旧藩士子弟のための立身出世ルートの確立に多大な役割を果たした[3]。

　多紀郷友会はこの尚志館館生を中心に 1891（明治 24）年結成された同郷団体である（コラム 6）。戦前の会誌『郷友』の紙面には、1935（昭和 10）年 150 号より断続的に会員の自己紹介欄が設けられているが、ここでは、廃藩後今田村に移住した 1872（明治 5）年生まれの旧藩士子弟が鳳鳴を卒業して上京し、逓信局の官僚となったケース[4]、城南村に移住した 1876（明治 9）年生まれの旧藩士子弟が鳳鳴卒業後上京し、尚志館に寄宿し陸軍士官学校を出て軍人となったケースなど[5]、廃藩後ひとたびは近郊農村部に散居した「微禄の藩士」子弟が旧藩主の築いた立身出世ルートにのって篠山を離れ、社会的上昇移動を果たしていった姿を垣間見ることができる。

　戦前の鳳鳴は、「尽忠報国」を信条に華族出身で数少ない陸軍将校となった旧藩主の方針の下、軍人養成機関としての性格を色濃く有していた。鳳鳴—尚志館という立身出世ルートからは多数のエリート軍人が輩出されており、篠山出身者だけで四個師団が編成できたといわれている（山口　1991：59）。なかでも篠山のシンボル的存在であった本郷房太郎、本庄繁陸軍大将らは、1907（明治 40）年の歩兵第七十連隊設置当時陸軍省に在籍し、故郷への連隊誘致に尽力している（小林　1955：153）。両大将がもっとも活躍した日露戦争以後、多紀郷友会の会員数は飛躍的に増加し、1938（昭和 13）年には最多の 1100 名超を記録することになる。彼らは転出先においても折りにふれて同郷者と集い、会誌に近況を報告して郷里とのつながりを保ちつづけた。

第 4 章　篠山を担う——地域エリートの変遷

　旧藩主が拓いた立身出世の転出ルートは、篠山出身者を中央支配機構に送り込むと同時に、篠山を離れつつも郷里に目を向けつづける離郷エリートを出現させた。そして多紀郷友会は、都市転出者が郷愁を慰撫する場として、また一方の篠山にとっては、立身出世型の都市転出者を単なる離郷者ではなく、あくまでも篠山の地域エリート——離郷エリート——たらしめる装置として機能してきた。戦前の篠山は、彼ら離郷エリートの後ろ盾のもと「軍都」としての繁栄をみることになったのである。

　次節以降では、一方で戦間期から今世紀初頭にいたるまでの篠山を現地において牽引してきた地域エリート——在郷エリート——の動向を、周辺農村部と城下町部それぞれで検討していこう。

2. 地域エリートの育成 1 ——農業高校と「農村エリート」

2.1　地方名望家層の都市転出

　農村部におけるエリート層としては、まず豪農などいわゆる近世型の地方名望家があげられる[6]。彼らは近代以降、代々形成されてきた資産と名望をもとに地域社会を主導し、国家と民衆を媒介するシステムとして期待される存在であったが、明治後期に寄生地主制が確立するプロセスにおいてその役割を喪失していった（菅野　1978）。

　鳳鳴はもともとは旧藩士子弟のための教育機関であったが、明治中期以降には周辺農村部の豪農子弟も入学し、旧士族層とともに離郷エリート化していくことになった。天野によれば、1920（大正 9）年入学者父兄の職業に占める農業の割合は 51.0% とすでに半数を超えている（天野編　1991：85）。前述した『郷友』自己紹介欄で、出身階層が農民と判明するもっとも古い会員は 1887（明治 20）年城北村生まれの農家の五男であり、鳳鳴卒業後上京・進学して尚志館館生となった

のち一三〇銀行に勤務するホワイトカラーとなっている[7]。実家は「代々村の庄屋」という自己紹介にみるように、この時期に鳳鳴に進学した農家子弟の多くは豪農層の出身であった。

　大正生まれの豪農子弟の事例をみてみよう[8]。A氏は大正末期、福住村における大地主の次男として生まれた。A家は農地15町歩、山林53町歩、江戸時代には油屋、酒醸造などを手掛け、藩主青山家に資金融通するほどの大庄屋であった。A氏は長兄とともに鳳鳴から早稲田大学への進学を機に上京しており、A氏は東京で出版社に就職、長兄は銀行に就職し神戸で定着したため、篠山には約200坪の空き家と25坪程度の墓を残し現在は長兄の息子が管理している（奥井2011：112-113）。A氏の事例からは、近世来の周辺農村部のエリート層がすでに戦前の段階から学歴を身につけて、旧藩主の築いた出世ルートにのって都市転出していたことがわかる。

　鳳鳴に進学する階層は徐々に下方拡大していった。篠山における伝統的な就業形態であった酒造出稼ぎが徐々に衰退し、それに並行して、国鉄や銀行、役場といった通勤圏内での兼業機会が増加してきたことなどが、周辺農村部における学歴価値の浸透を後押ししていったという（天野編　1991：197）。昭和初期にはいると、従来のような一部の地方名望家クラスの豪農層のみならず、1町歩前後の中農層のあいだにも、次三男のみならず跡継ぎである長男を鳳鳴にやり、都市部の大学に進学させるという動きが生じるようになった。こうした状況のなかで、昭和初期の篠山では、地元にとどまり地域を担う人材をどのように育成していくのかが大きな課題となっていく。

2.2　農業高校と「農村エリート」の育成

　多紀実業高等公民学校（以後「農高」と表記）は、1933（昭和8）年に地元の人材育成のための機関として設立された[9]。この設立の背景

第 4 章　篠山を担う──地域エリートの変遷

には、昭和恐慌下の農山漁村における自力更生の機運の高まりと、その一環として、地主的名望によらず、生産農民の立場で地域社会を中心的に担う中心人物──近代型地方名望家──を育成するという喫緊の課題があった（菅野　1978：537）。

　農高の修養年限は 2 年間、授業料や入学試験などはなく、村長、学校長、青年団長が推薦する村のなかでも勤勉な、いわゆる「模範青年」だけを集めており、ゆくゆくは自作農家として村の指導的な存在となることが期待された。設立時の収容人員は 50 名と少なく、当時の多紀郡連合青年団が 2000 人規模であったことをみても、本校がまさに精鋭の「農村エリート」教育機関としてスタートしたことがうかがえる。『五〇周年記念誌』誌上に掲載された公民学校時代卒業生の座談会では、「地元のことなんか考えずにどんどん出ていく」鳳鳴卒業生と、篠山に根ざし「土着してこの地域でこつこつ励み農業に従事する」農高（公民学校）卒業生、という対比的な表現が用いられている。彼らは農高（公民学校）で学ぶことによって、地元にとどまり地域を支える担い手──農村エリート──としての自覚とプライドを育んでいった（『五〇周年記念誌』59-60 頁）。

　戦後になると、地域密着型の農業教育をおこなってきた農高もまた高校教育の学歴序列化のヒエラルキーに組み込まれていくことになる。「勉強のできる子は鳳鳴」という学歴価値規範のより一層の浸透は、「農家の跡継ぎは農高」という従来の家継承規範と拮抗し、勉学に意欲を持ちつつもさまざまなしがらみのなかで農高に進学し、地元にとどまった農村エリートたちには相応の葛藤が存在したことも事実である。とはいえ、戦後においても農高は、一定の農地所有を基盤に地元に定着し、青年団幹部など地域社会の主力メンバーとなって活躍しつつ、政治行政職・農業経営・丹波杜氏等として 20 世紀末までの篠山を担う農村エリートを数多く輩出してきた。一例をあげると、1955（昭和

30）年卒の故瀬戸亀雄前篠山市長は、城北村の自作農家に長男として生まれ、青年団で活躍したのちその支持基盤を背景に1979（昭和54）年篠山町議会議員、1995（平成7）年篠山町長に当選、1999（平成11）年には「合併第一号」の篠山市長となった「農高のエース」であった。

2.3　地域農業の発展と兵庫農科大学

　高度成長期に農業をめぐる状況が激変していくなかで、地元にとどまり農家を継ぐという農村エリートの進路選択を決定づけたものは何だったのだろうか。聞きとりの限りではあるが、篠山の農家全体の平均農地所有規模が約1町歩であるところ、農村エリートの家のそれは1町強から2町歩と相対的に大きく、農業経営、あるいは農業経営プラス酒造出稼ぎによって、人並み、もしくは「一般の、ちょっと上」の生活ができる見込みがあったということができる。

　ただし酒造出稼ぎに関しては、貴重な現金収入源ではあるものの、農高学生時代には「子どもほっといて、家庭ほっといて、地域ほっといて」半年間家を空ける生活に否定的であったと語る農村エリートも少なくない。都市部で新中間層が増大し、彼らの近代家族的な生活様式――サラリーマンの夫、専業主婦の妻、子ども2人――こそが「あるべき家族」像であるという「画一化への志向性」が強まったこともあり（坂本　1997：370）、舅姑と同居して出稼ぎ夫の帰りを待つ妻の負担が強調され、農家跡継ぎの嫁不足の原因としてみなされるようになりつつあった[10]。

　若き彼らの理想はあくまでも農業者として――とくに、稲作プラスアルファの複合経営農業者として――土地に定着して生計を成りたたせることであった。そして彼らが複合経営に展望を持ちえた背景には、兵庫農科大学の存在がある。

　敗戦後の連隊跡に設置された農科大学には、当時、戦時中に外地熱

第4章 篠山を担う──地域エリートの変遷

帯植物の研究にたずさわっていた研究者たちが在籍しており、地元の作物を使った特産品開発をおこなっていた。この時期の研究開発が現在の篠山の三大特産物である「丹波篠山黒豆」「丹波山の芋」「丹波篠山丹波牛（但馬牛）」を育てていくことになったのである[11]。なかでも、「畑のダイヤモンド」と言われる山の芋に関しては1953（昭和28）年以降、農科大学が県立農業試験場、篠山農業改良普及所とともに品種改良に取り組み、1958（昭和33）年にコガネ、ミタケ、タカシロ、アオヤマ等の優良品種の生産に成功している（『篠山町百年史』146）。農高は農科大学と同じ敷地内にあり、同大出身の教員もいたことから両校の関係は深く、農高卒業生のなかには農科大学教員から先端的な技術を学ぶ機会を得た者もいた。1957（昭和32）年卒のB氏（1町1反自作農）は農作物等品評会の受賞常連者であり[12]、地域新聞にもたびたび登場する篠山の代表的な農業リーダーである。肉牛の多頭経営と黒豆その他野菜栽培で経営を拡大し、農業専業を貫いたB氏は「一度も勤めに出ていない」ことを誇りとし、農村エリートのなかでも一目置かれる存在である（奥井　2011：119）。

「私が肉牛の関係でずっとかかわりを持っていたのは、農学部のなかで、名誉教授ですけど、63歳で退官されてね、G先生という先生がいたんですね。（中略）私らはずっと教室に遊びに行かせてもうてましたんで、随分勉強させてもうた。で、そのことでうちの経営もぐんぐん伸びたし。極端にいうたら、昭和50、51年くらいはかなり利益が出た時期があったんでね。2年間の牛の売り上げだけで、当時の田舎の家が一軒建つくらい、稼げましたんでね。」（B氏聞きとり）

従来篠山では農民の階層分化の度合いは小さく、農家層は全体とし

て比較的裕福であったといわれている。しかし、当時の篠山において、農科大学という農業専門高等教育機関を有した歴史は、農村エリートにたいして、農業経営のなかに単なる「守るべき家業」以上の明るい展望を抱かせたのであり、それが今日の「特産物に恵まれた豊かな篠山」づくりに果たした貢献は大きい。

次節では、城下町地区に目を転じて、篠山におけるもうひとつの在郷エリート——町場エリート——の動向をみていこう。

3. 地域エリートの育成2
　　——篠山町商工青年会議と「町場エリート」

3.1　城下町地区商店街の変遷と篠山町商工青年会議

明治維新によって旧士族層が去った後、城下町地区の発展を決定づけたのは、上述した歩兵第七〇連隊の設置にともなう「軍都」化であった。

篠山城下町は京都から山陰道・山陽道へ通じる交通の要衝として古くから栄えてきた。1609（慶長14）年の篠山城築城と共に城下の町割りに沿って商店が増加していき、東部は王地山下の河原町から西部は西町にいたる3キロに及ぶカギ型道路沿いに密集した商店街が形成された。明治時代までは、城下町のなかでも郡東部富裕農家層の購買力を背景に河原町が商業の中心として栄えており、経済圏としては京都と密なつながりを有していたが、1899（明治32）年に阪鶴鉄道（後の福知山線）が開通して以来、大阪とのつながりが増加するようになり、さらに1908（明治41）年3月に歩兵第七〇連隊が城下町西北部乾新町に置かれたことから、河原町から呉服町、二階町、魚屋町通りへと商売の中心が移動していった（『篠山町百年史』228-229頁）。

連隊設置当時の将兵は約1千名であり、面会人家族や連隊納入業者

第 4 章　篠山を担う——地域エリートの変遷

らによって城下町は活況を呈した。なかでも例年 5 月 10 日に開催された盛大な軍旗祭は地方最大の人出でにぎわい、1915（大正 4）年には 5 万人を記録している。こうした城下町の繁栄を背景に、1912（明治 45）年には篠山町および近隣の商工業者によって商工会の前身となる篠山実業協会が県下 5 番目に設立され、誓文払い、経済講演会、その他さまざまな啓蒙活動などがおこなわれた。篠山実業協会は 1936（昭和 11）年に篠山商工会と改称、1960 年（昭和 35）年に法制化し、その後市町村合併にしたがい篠山市商工会として解散するまで、城下町地区のまちづくりの中核でありつづけてきた（篠山町商工会記念誌編集委員会編　1991）。

　敗戦後の連隊跡は、1946（昭和 21）年に農高が篠山城跡内から移転すると相次いで兵庫師範学校篠山分校、兵庫県立神戸医科大学予科が設置されるが、いずれも 1948（昭和 23）年、1951（昭和 26）年に引き揚げ、閉校となった。その後 1949（昭和 24）年に上述した兵庫農科大学が誘致され、「軍都」篠山から「学都」篠山への転換のシンボル的な役割を果たすことになる。連隊が置かれていた当時とは比較にならないものの、農科大学が城下町部にもたらす経済効果は大きく、なかでも例年春の入試シーズンは多くの受験生でにぎわう様子が篠山新聞の一面に掲載されている。

> 来る 11 〜 12 日両日おこなわれる、兵庫農大の入試学力考査に、ざっと三千名の受験者や父兄がどっと来篠する。うち千六百名の志願者が郡内で宿泊を希望。斡旋にあたる大学や篠山町教委では、旅館、施設に一般民家も含めてもさばききれないのでお隣の三田、氷上にまで手を伸ばして、受け入れにてんてこ舞いである（昭和 39 年 3 月 8 日『篠山新聞』）。

農科大学を中心とした「学都」篠山の路線は、しかしながら、長くはつづかなかった。1964（昭和39）年に決定した農科大学の神戸大学農学部移管は、篠山の農業にとってのみならず城下町地区の商業経済にとっても極めて深刻な影響を与えるものであったため、旧篠山町では農大問題対策特別委員会を設置し現地移管を要望したが、署名運動や陳情の成果もむなしく、1967（昭和42）年には神戸市六甲台へと移転した。移転決定後は関西学院大学の誘致を試みたり、日本大学や近畿大学にたいしても農学部設置を呼びかけてみたりしたものの、いずれも実現をみることが出来ずに終わっている。

　先にみたように、篠山の城下町地区商家層は歴史的に概して好条件に恵まれてきたが、1960年代以降は、農科大学移転にとどまらず、先行きに漠たる不安を煽るような出来事を立てつづけに経験している。1961（昭和36）年における篠山初のスーパーマーケット「京都ストアー篠山店」の出店を皮切りに、城北農業協同組合による「農協マーケット」などスーパーの出店が相次ぎ、小売商業の置かれた状況が大きく変化し始めた（『篠山町百年史』232頁）。さらに、「観光都篠山の建設」とのスローガンで1962（昭和37）年10月京口橋南詰に開所した総合観光娯楽施設・篠山観光ヘルスセンターが、経営者トップ以下による篠山町の公金流用の発覚と多額の負債のためわずか1年8か月で閉鎖されるという事件も起こっている。

　こうした時代状況のなかで、1966（昭和41）年、城下町地区の若手商売人が発起メンバーとなって設立されたのが篠山町商工青年会議（以下青年会議）である[13]。青年会議は自分たちの商売繁盛と地域社会の発展は不可分のものであるという認識のもと、「奉仕の精神」をキーワードにさまざまな活動を展開していった（篠山町商工青年会議1995：3）。

　そもそもこの青年会議は、当時全国の商工会連合会で生じた青年部

第 4 章　篠山を担う——地域エリートの変遷

設立の機運に呼応する形で結成されたものであり[14]、活動内容・会員の顔ぶれとも商工会の青年部のようなものであったのであるが、「商工会青年部」ではなく、あえて「商工青年会議」と命名されたところにこの組織の矜持が表現されている。命名の意図を発起メンバーの1人で元会長C氏は以下のように語っている。

> 「（もとは）商工会から声がかかったんで、商工会の内部組織やあるいは下部組織でそういうのをつくろうというふうに、商工会の幹部は考えたんですけれども、集まった連中は、いやいやそうじゃないぞと、商工会の御用聞きじゃないぞと（中略）、あえて商工会青年部という名前を避けて商工青年会議という、名前にしたんです。（中略）お父さんのいうこと聞くんちゃうでと。自主独立するんやでと。」（C氏聞きとり）

　当時の篠山町商工会は酒屋、呉服屋、質屋など近世からつづくいわゆる大店層が支配的な地位を占めていた。また城下町篠山の商売のやり方は古くから隣の氷上（現丹波市）との比較で「旦那商売」といわれてきた歴史があり、上述したように商売の先行きに陰りが見え始めたなか、城下町商店街の将来を担う若手商売人たちのあいだでは「親世代と同じような商売をしていては成りたたない」という危機意識が高まりつつあった。初代会長のD氏が「正直いうたら、青年会議をつくったときは、謀反じゃないけど…まあ（それに）近い意識があったですね」と回顧するように、青年会議はこうした大店層を中心とする親商工会にたいする「反骨精神」と変革への旺盛な意欲を基礎に組織されたのである。

3.2 城下町地区の観光化とデカンショ祭

　青年会議は月1回の例会で会員相互に活発に議論を戦わせ、自分たちが必要だと考える地域活動を積極的に展開していった。その内容はデカンショ祭り、堀端桜並木の薬剤散布、旅館組合が中断した遊覧ボートの復活、堀の掻いぼり、その他各種研究会や講習会など幅広いが、大枠でとらえるならば、篠山の持つ伝統や歴史をうりにして、自分たちの手で篠山に多くの人びとを呼び込もうとする観光化の方向性を指摘することができる[15]。

　1978（昭和53）年には、道路建設のため解体が決定していた篠山地方裁判所建物の取り壊しにたいして強硬な反対運動を展開し、その結果、建物は方向転換し歴史美術館として保存されることになった。現在、この歴史美術館は篠山の代表的な観光スポットのひとつとなっている。

　観光振興に関連して、青年会議が継続的に取り組んできたもっとも大きな活動はデカンショ祭りである。デカンショ祭のルーツは、戦後多紀郡内各地で流行した盆踊りのひとつとして河原町がおこなってきた納涼花火大会である。1953（昭和28）年、篠山観光協会、篠山町商工会、篠山民謡保存会の共催により第1回デカンショ祭りをおこなったが、その後は郡内外からの観光客に対応できず、会場を複数箇所に分けるなど開催場所をめぐって迷走するようになった。こうしたなか、青年会議は1967（昭和42）年第15回デカンショ祭の開催場所を前年までの鳳鳴高校グラウンド（現三の丸広場）から城跡南側の大きな市民グラウンドへと急遽移転し、例年8000人〜1万人程度であった観客数が3万人をこえ、踊り子は3000人という記録を打ち立てた。当時の経緯についての語りからは、青年会議の矜持である「反骨精神」の一端を垣間見ることができる。

第 4 章　篠山を担う——地域エリートの変遷

我が家の炬燵に 4 人か 5 人か入って、その（デカンショ祭を自分たちでしようという）話になって、初代の D 会長がその場におって、その自治会長、篠山の自治会長さんが、…その D 氏のおじさんなんですよね。…で、当時、（中略）今の三の丸広場でデカンショ祭りやってますけど、そんな狭いところでは大勢のお客さんよばれへんじゃないのと、会場を変えましょうということで、『市民グランドへ、会場を変えましょう』と、『その代わりわれわれデカンショ祭りやりますわ』と、いうふうに言いに行ったんです。ところが（中略）『そんなもう、今さら何を言うてんねん今頃になって』っていって、きつ〜いお叱りを受けて、しょげて帰ってきたんですけど、それはあの、血気盛んな若い連中のことですから、『いや、やるんややるんや』ということになって、結果、自治会連中はおじさん連中は、負けてしまって、『やるならやってみぃ』という話になって、デカンショ祭りを（青年会議が主体で）やることなったんです。」（C 氏聞きとり）

デカンショ祭りの観衆数は、その後 1967（昭和 42）年 4 万人、1968（昭和 43）年 8 万人と目覚ましい伸びを記し、篠山の知名度向上に貢献することとなった[16]。

3.3　「町場エリート」の育成

デカンショ祭りは「青年会議の意気を示す祭り」であり、青年会議は電飾櫓や商店街宝探しといったさまざまなイベントを精力的に企画・実行していった。「所得を減らしてでも」「妻も子どもも忘れてでも」デカンショ祭りの準備を最優先しようという合言葉からは、彼らがデカンショ祭りにかけてきた意気込みの程をうかがい知ることができる。

157

青年会議メンバーは、頻繁な会合や飲み会、そしてデカンショ祭りの準備等を通じて「身内意識」を涵養していった[17]。鳳鳴出身者が多く、卒業後に進学や就職で一定期間他出していた者も少なくないが、彼らが帰郷して商売の跡を継ぐにあたって、同年輩の商売人との横のつながりできる青年会議の活動は重要な意味を持ったという。
　さらに、青年会議幹部としてデカンショ祭りを取りまとめる経験は、地域の中核的担い手——「町場エリート」——としての責任と自覚を育んでいくこととなった。市会議員で商店街連合会会長のF氏は、1990年代半ばに青年会議会長をつとめた経験を以下のように表現している。

　　「デカンショ祭りなんかも総合企画も（中略）トップをさせていただいて、まあ男になったっていう感じやったね、そのときは。『関西ウォーカー』に特集したり…『若大将』って言われましたからね。篠山に帰ってきたときは、『若大将帰ってきた』って（笑）。」
　　（F氏聞きとり）

『兵庫県商工連会報』第194号「商工会ルポ」において、青年会議は「商工会幹部への登龍門」として紹介されているが、F氏の事例にみるように、親商工会に人材を輩出するだけではなく議会にも多くのOBを送り込んでいった（篠山町商工青年会議　1995：8）。1971（昭和46）年にはOBの藤井正一氏が篠山町長に当選し、のちに県議会議員となっている。青年会議は組織の強い連帯意識をもとに「号令一下」会員を動員し、選挙活動を展開していった。

　　「いやその、素人ばっかりですからね。選挙のあれ（やり方——筆者注）はわからへんですけど、要は車に乗って、選挙カーに乗って、

第 4 章 篠山を担う——地域エリートの変遷

がなりたてるというか（笑）、あるいは赤い鉢巻きで…町中を行列かな、ついて歩くとか。結構選挙はやりましたよ。」（C氏聞きとり）

青年会議のこうした政治への積極性の背後には、1955（昭和30）年の合併によって周辺農村部（岡野・城北・八上・畑）を包含した篠山町の勢力図の変化もあった。

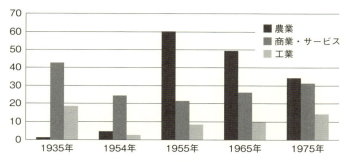

図 4-1　産業別人口割合の変遷（%）

（注）　実数（N）はそれぞれ 1935 年（6080 人）、1954 年（7719 人）、1955 年（15143 人）、1965 年（14094 人）、1975 年（12957 人）。
（注）　1935 年、1945 年は『篠山町七十五年史』14 頁、1955 年、1965 年、1975 年は『篠山町百年史』190-192 頁表をもとに作成。

図 4-1「産業別人口割合の変遷」をみると、合併前までの旧篠山町においては「商業・サービス業」人口の割合が圧倒的に高く、「農業」人口の割合はごくわずかであったのにたいし、合併後の 1955 年には逆転して農業人口比率が 6 割に達している。これにともない町会議員や町役場職員も周辺農村部の農家出身者が多数を占めるようになっていたことから、青年会議は農村エリートが主導する篠山の政治行政にたいして、自分たち商売人の代表も議会に送り込まなければという思いを共有していたという[18]。

159

4. 地域エリートの変遷

4.1 まなざしの交錯がもたらすもの

　本章では、篠山における地域エリートの存立構造を、その育成基盤が構築される歴史的背景に焦点をあてて論じてきた。篠山の地域エリートと関連組織、各エリートが活躍した時代を整理すると図4-2のようになる。

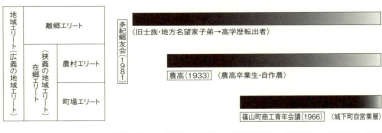

図4-2　篠山における地域エリートの分類

（注）　図中の■の濃い部分が、該当地域エリートがもっとも活躍した時代を示す。

　離郷エリートは、旧士族層が先鞭をつけた立身出世の転出ルートにのって、東京をはじめとする都市部の上層に入り込んでいった人びとである。連隊誘致の例が示すように、彼らは離郷しても郷里と縁を切るわけではなく、むしろ中央から積極的に篠山を支え利益を誘導した。また、そうした郷里への直截的な利益誘導以外にも、近代以降、離郷エリートが東京をはじめとした全国に散らばっていったことそれ自体が、外に向けて篠山を発信していくことになった。前述したデカンショ祭りのデカンショ節は、明治中期に東京に遊学していた学生が愛唱し、全国に広めた「書生節」としても知られるが、そこには、尚志館に寄宿していた篠山の離郷エリートの姿をみることができる（『丹波篠山

デカンショ祭 五十回記念誌』72 頁)[19]。つまり戦前の離郷エリートは、むしろ篠山を離れることによって直接間接に篠山のあり方を主導してきたといえよう。

　そして離郷エリートの存在は、在郷エリートを育てていくための装置作りを喚起する役割も果たした。第2節にて述べたように、農高は、鳳鳴が地域のエリート層を都市部に送り出していくことに対抗するための農村エリート育成組織として設立された経緯がある。また、筆者は奥井（2011）において、都市転出し立身出世していく同級生を横目にみながら地域にとどまった戦後の農村エリートの葛藤と引き受けのプロセスについて考察しているが、農村エリートは、離郷エリートとの対比を通じて、地域の中心的な担い手としての自負と責任感を獲得していったのである。

　多紀郷友会は歴史を通じて、転出した離郷エリート、地元にとどまる在郷エリートの主立った顔ぶれを会員に有し、会誌の発行や集いの開催を通じて地域エリートの交流を促進してきた。多紀郷友会会員で丹波篠山観光協会長の中西薫氏は、会誌『郷友』の存在意義を「地元以外で活躍されている方が、郷愁や古里にたいする期待感から思い切ったことが書けること」と述べている（「座談会：創立・創刊120周年！——多紀郷友会・郷友誌の今後」『郷友』第433号、平成23年9月、74頁）。在郷エリートが地元に定着しているがゆえに引き受ける種々のしがらみから自由な離郷エリートが篠山の外から注ぐまなざしは、篠山の地域づくりにとって重要な役割を持ちつづけてきたといえよう[20]。

4.2　地域エリート存立構造の変容

　21世紀に入り、近代以降の篠山をリードしてきた地域エリートの存立構造は大きな転機を迎えている。ここではその転機を以下3つの側面からみてみよう。

(1) 農村エリート育成基盤の動揺

　農村エリートについては、早くも高度経済成長期中頃からその育成基盤の動揺が始まっている。産業構造の転換は農業の置かれた状況そのものを不利化すると同時に、それがもたらした多紀郡における工業高校誘致の機運は、農村エリートの育成組織であった農高の校種変更問題へと発展した。農高関係者の必死の抵抗もむなしく、1963（昭和38）年農高は兵庫県立篠山産業高等学校へと変更することになり、産業高校には機械科・電気科・商業科と生活科が設置され、農業科は東雲分校に1クラス残されるのみとなった[21]。この変化を『五〇周年記念誌』は「『地元にとどまり地域農業を支える』農高から『各地各界で中堅層を目指す』産高へ」と表現している（『五〇周年記念誌』119頁）。

　さらに上述した1967（昭和42）年の農科大学国立移管、神戸移転は、篠山にとって特産物開発の拠点を失うことを意味した。農村エリートたちは、ミニ試験場や農産加工場など、農科大学に代わって新たな農業の拠点となる施設の建設を要望し、合併後瀬戸市政下での実現を期待したが、いずれも実現することなく終わっている。

　農村エリート育成組織であった農高の最後の世代である昭和30年代農高卒業生は、現在高齢期に差し掛かっており、2007（平成19）年「農高のエース」瀬戸前篠山市長の引退を象徴的な出来事として、農高出身の農村エリートが篠山を牽引してきた時代は終焉を迎えつつある。

(2) 篠山町青年会議から篠山市商工会青年部へ

　一方、町場エリートの存立基盤も当然ながら盤石ではない。1990年代以降、郊外大型小売店舗の出店やモータリゼーションの進展によって、城下町地区商店街は目に見えて衰退していくことになった。高学歴化に伴う都市転出は町場エリートの子どもたちにおいても例外

第4章　篠山を担う――地域エリートの変遷

ではなく、跡継ぎの不在は城下町地区の空き家の増加をもたらすと同時に、「二世（跡継ぎ）が足元にいない」不安感が町場エリートの議会への出馬意欲を鈍らせているという声もある。

　しかし最大の変化は、町場エリート育成組織であった青年会議の解散である。上述したように、青年会議は設立以降一貫して自主独立の組織として名称にこだわりを持ってきたが、市町村合併に向けて商工会青年部も近隣町村とひとつにまとめようとする動きが出てきたことから、1995（平成7）年に青年会議の看板を下ろし、篠山町商工会青年部（のち篠山市商工会青年部篠山支部）として生まれ変わることになった。2012（平成24）年の篠山支部会員数は34名であり、青年会議がおこなってきた活動はそのまま青年部に引き継がれているため、デカンショ祭りをはじめとした青年部主体の催し物は充実しているが、合併による広域化と会員数の減少、城下町の商売そのものの地盤沈下とも相まって、往時の青年会議が有していた勢いはなくなりつつある。

　現在の青年部は、青年会議が築き上げてきた種々の企画を継続していくことで手一杯になりがちであるといい、デカンショ祭り、いのしし祭りなどは、青年会のOB組織である同友会が青年部を陰ひなたにサポートすることで成りたっているという[22]。2011（平成23）年度の同友会は会員数101名と盛況であり、現在の城下町地区のまちづくりは、実質的には同友会世代によって担われているのが現状である[23]。

(3)　多紀郷友会の変容

　最後に、離郷エリートと在郷エリートのコミュニケーションの場である多紀郷友会の会員構成の変化を指摘しておこう。従来、多紀郷友会はその設立背景上、時代を通じて鳳鳴出身者が会員の大多数を占めており、医者や弁護士、議会議員、大学教授、会社経営者や役員の割合が高く、肩書なしでは敷居の高いエリート組織というイメージが強かった。

1991(平成3)年と2012(平成24)年の会員構成の変化を名簿から確認すると、①高齢会員の増加、②女性会員割合の上昇、③在郷会員割合の上昇、という3つの傾向がみてとれる。

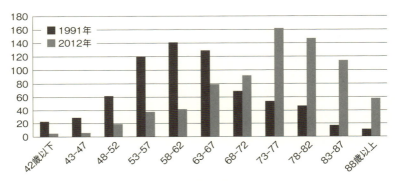

図4-3　年齢層別会員数(人)

（注）　会員総数は1991年707名、2012年764名。

　図4-3は年齢別の会員数を両年度でみたものである。同窓会的組織の常として40代以下の会員が少ないのはどちらの年も共通するものの、1991(平成3)年時点では50代半ばから60代のボリュームがもっとも多かったのにたいして、2012(平成24)年には70代半ばから80代が主流となっており、88歳以上も58名と大幅に増加している。一方、現役世代の減少は著しく、とくに50代では3分の1程度まで減少している。上述した農村エリートの高齢化と連動して、多紀郷友会会員全体に高齢化が進行しており、『郷友』編集委員も課題として誌面でたびたび言及している。

　会員に占める女性の推定割合は1991(平成3)年の11.2％(79名)から2012(平成24)では18.7％(143名)と2割近くまで増加してお

り[24]、また会員の居住地をみたところ、篠山在住者の割合は1991（平成3）年で32.1％（227名）、2012（平成24）年で43.8％（335名）と約20年で約12ポイントの増加となっている[25]。

ここから、多紀郷友会が、都市に出て立身出世した離郷エリートが多数を占める同郷団体から、地元を支えてきた在郷エリートを主体とする同郷団体となりつつあること、さらに現役を退いて久しい高齢会員や女性会員が増加することによって、かつての多紀郷友会が有していた極だったエリート性と敷居の高さが薄れ、より親睦と同窓会的な性格を強めつつあることがうかがわれる。

5. 担い手像の今後

本章では、篠山の担い手の層の厚さに着目し、近代以降の篠山を形づくってきた担い手——地域エリート——の存立構造と育成基盤、そしてその歴史的変遷をたどってきた。

さて、21世紀の篠山を主導するのはどのような存在なのだろうか。本章でみてきた地域エリートは、その名称に含意したとおり、地域に一定の基盤を持つ「生え抜き」であり、農地や家業、そして地域への責任に裏打ちされた愛着をもって、今世紀初頭までの篠山を主導してきた。しかしながら、4節でみたように、彼ら地域エリート、なかでも在郷エリートを輩出してきた基盤はすでに失われているのが現状である。

ひとつの可能性としては、第5章（武田）でみるように、必ずしも「生え抜き」の地域エリートだけが篠山を主導するのではなく、多様な背景を持つ人びと——プレイヤー——が篠山を舞台にさまざまな活動を展開し、その活動が総体として篠山を動かしていくということが考えられる。そして、新たな篠山における地域エリートは、これまでのよ

うに確立した集団や地域組織の中で育成されるというよりは、プレイヤーの存在を刺激としてその呼応関係のなかで現れてくるということもありえよう。

いずれにせよ、土地に「根っこ」を持たないプレイヤーの目を篠山に向けさせ、活躍の可能性を見出させるに足るだけの豊潤な舞台を築き上げてきたのは近代以降の地域エリートたちである。彼ら地域エリートの歩んだ軌跡とその意義は、いま一度検証し、固有の地域史のなかで位置づけ直す必要があるだろう。

〈付記〉地域エリート調査の実施にあたっては、『郷友』前編集長の山口博美氏、元農業高校教諭で産業高校同窓会長の柳田昌三氏をはじめ、多くの方々にご協力をいただきました。皆様のご厚意に心より感謝の意を記します。

【注】

1 地域のあり方を方向づける担い手には「地域リーダー」という概念も存在するが（内藤　2009）、ここではつぎの2つの面において地域エリートを地域リーダーとは区別して用いる。すなわち、ひとつには地域リーダーが地方自治体から各集落区長も含む多様な空間的範域のリーダーを包括する概念であるのにたいし、地域エリートは少なくとも集落単位よりは広範域の地域の担い手である。もうひとつには、地域リーダーはその時代時代の地域をリードするものを指すが、本章では、そのなかでも地域社会で一定の基盤を有する「土着」「生え抜き」の人材であることをとくに含意している。

2 『阪東直三郎日記』には、1852（嘉永5）年生まれの篠山藩士が日置村（八上新）に移住し「晴耕雨読」の生活を始めるものの、将来の不透明さから心身に不調を来し、閉塞した環境の変化を求めて神戸に転出していく様子が記されている（丹波古文書の会編　2011）。

3 篠山の例にとどまらず、藩校の系譜を継承した明治初期の各種私立学校は、各地の城下町において、「士族救済機関」として俸禄を失った士族

第 4 章　篠山を担う──地域エリートの変遷

層を近代的教育へと接続する重要な役割を果たしている。また鳳鳴義塾の目指した軍人養成のための教育は、当時金沢、山口その他旧大藩所在の諸県においても重視されていた（天野　1996：38）。
4　『郷友』151 号（昭和 9 年 11 月）15 頁。
5　『郷友』152 号（昭和 10 年 2 月）21 頁。
6　地方名望家の定義は一定したものがないが、ここでは近世来の地方名望家を豪農を中心とした「伝統的権威を基盤として地域内で信望を持つ一種の階層」「地方において恒産あり恒心ある人物」とする（田中　1986：250-251）。
7　『郷友』156 号（昭和 10 年 5 月）15 頁。
8　本章で紹介する事例は、筆者が 2002 年より断続的におこなってきた多紀郷友会員への追跡インタビュー調査、2008-2010 年農高 OB インタビュー調査、2011-2012 年旧篠山町商工青年会議関係者インタビュー調査によるものである。
9　正式名称は多紀郡篠山町外 18 ヶ村一部事務組合立多紀実業高等公民学校。1938（昭和 13）年組合立多紀実業学校（乙種農業学校）、1941（昭和 16）年甲種農業高校に昇格。1947（昭和 22）年県に移管し県立篠山農学校となり、翌 1948（昭和 23）年学制改革により兵庫県立篠山農業高等学校となる。
10　酒造出稼者数は 1955（昭和 30）年 2612 人、1960（昭和 35）年 1913 人、1965（昭和 40）年 1833 人、1970（昭和 45）年 1439 人、1975（昭和 50）年 1220 人と高度成長期を通じて減少している。こうした状況を受けて、1960 年代後半以降は酒造工場の誘致が促進され、大関、沢の鶴、百万石等大手メーカーの地方工場建設が相次いだ（『篠山町百年史』253-254、285 頁）。
11　丹波篠山黒豆、丹波篠山牛は、2004（平成 16）年氷上郡が丹波市になったことを受けて丹波黒豆、丹波牛から改名されており、いずれも地域団体商標登録をおこなっている（商標登録番号はそれぞれ丹波篠山黒豆第 5428768、丹波篠山牛第 5491880）。
12　1973（昭和 48）年、1976（昭和 51）年に兵庫県肉牛共進会、1980（昭和 55）年近畿・東海・北陸連合肉牛共進会で名誉賞を獲得、そして 1984（昭和 59）年には全国肉用牛経営コンクールで最優秀賞と 4 回の農林水産大臣賞を獲得している。
13　設立時会員は 45 名、会費月 500 円、例会は月 1 回で 40 歳卒業を決まりとする（篠山町商工青年会議　1995：2）。
14　聞きとりによれば、1965 年頃に全国の商工会連合会で青年部設立の機

運が生じた。旧篠山町においては、当時の経営指導員草間隆氏が若年層に働きかけることで、兵庫県商工会連合会の青年部設立よりも 1 年早く旧篠山町で商工青年会議が立ち上がった。青年会議は兵庫県商工会連合会青年部に、あえて青年会議の名称のまま入会することで、設立当初の趣旨を堅持したという。

15　昭和 30 年代の篠山は観光客が少なく、年間 3 〜 5 万人程度であった（兵庫県統計書）。青年会議は 1976（昭和 51）2 月に「観光振興はいかにあるべきか」とのタイトルで座談会をおこなっている。

16　会場移転と相前後して 1968（昭和 43）年には、流麗な「流し踊り」から素朴でリズミカルな「輪踊り」へと変更し、皆が踊れる踊りに振付を変更したことも、一般の人びとが参加可能になる大きな契機のひとつとなった（聞きとり）。2012（平成 24）年に 60 回目を迎えたデカンショ祭りは、例年 8 月 15、16 日に開催され、約 8 万人を集める篠山の代表的な祭りである。

17　青年会議 OB の以下の語りから、青年会議が若手商売人にとって一種のクラブ活動のようなものであり、また青春そのものであったことがうかがえる。

　　「（青年会議は）もうとにかく、好きなことしゃべって、で『やろや！』って言ったら皆でやる。そういうとこがあったね。（中略）…皆酒飲んで騒いでね、道でひっくり返って…そんな連中でしたな。（中略）ええですよ、そのときにいっしょやったメンバーはね、同級生とか親戚とは違う、なんか身内意識があってね。」

18　農業優位の政治の一例として聞きとりであげられたのが、1966（昭和 41）年の農科大学移転にあたって県から受け取った 8 億 4000 万円の特別補助金がすべて圃場整備に使われたことであるが、これは移転でより直接的な損害を被った城下町地区商売人のあいだに少なからぬ不満を生じさせたものとみられる。1967（昭和 42）年の県議選では、青年会議が応援した元県庁職員が旧城南町農協リーダーの現職を破って当選したことが長らく町の評判になったという。

19　デカンショ節は鳳鳴出身の尚志館学生が、房州（千葉県）の水泳場で一高生と歌合戦をしたときに披露したものが大受けして一高の愛唱歌になったという説がある（『丹波篠山 デカンショ祭 五十回記念誌』72 頁）。

20　一方で、農村エリート主導であった篠山の政治にたいして、青年会議が積極的な選挙活動を通じて町場エリートを議会に送り込んでいったよ

うに、在郷エリートもまた一枚岩ではなかった。とはいえ城下町商売人にとって周辺農家の購買力は肝要であり、「われわれは農家の人びとに食わせてもらってる」とはインタビューでもたびたび耳にすることばである。農村エリートと町場エリートの関係は決して単純な対立・競合によってあらわされるものでもないのである。
21　東雲分校は2011（平成23）年4月より県立篠山東雲高等学校（地域農業科1学年1クラス）として独立・開校した。
22　2014（平成26）年度のいのしし祭りはうり坊の確保困難のため中止となっている。
23　近年は同友会も高齢化が進んだことから、65歳以上の会員によって2012（平成24）年に同友会のOB組織として懐友会が設立されている。
24　名簿には性別の記載がないため、性別については肩書に「主婦」との記載があるもの、および名前と旧姓表記、趣味欄（料理、編み物など）などから総合的に判断しているため、数値には若干の誤差が含まれる。
25　在郷会員割合の増加の背景としては、離郷エリートとの関係性の希薄化も考えられるが、定年退職などを機に離郷会員がUターンしたケースも若干はあることが想定される。

【参考文献】
麻生誠，1978，『エリート形成と教育』福村出版.
天野郁夫編，1991，『学歴主義の社会史──丹波篠山にみる近代教育と生活世界』有信堂高文社.
石川一三夫，1987，『近代日本の名望家と自治──名誉職制度の法社会史的研究』木鐸社.
丑木幸男，2000，『地方名望家の成長』柏書房.
奥井亜紗子，2008，「篠山市の同郷団体と「郷土」意識──地域エリートの類型化に関する一試論」浅野慎一，岩崎信彦，西村雄編『京阪神都市圏の重層的なりたち──ユニバーサル・ナショナル・ローカル』昭和堂.
奥井亜紗子，2011，「『地域エリート』の存立構造とその変遷──昭和30年代卒農業高校OBの事例を通して」『東北学院大学経済学論集』第177号.
神島二郎，1961，『近代日本の精神構造』岩波書店.
小林米蔵編，1955，『篠山町七十五年史』篠山町役場.
坂本佳鶴恵，1997，『〈家族〉イメージの誕生──日本映画に看る〈ホームドラマ〉の形成』新曜社.
篠山町史編集委員会，1983，『篠山町百年史』ぎょうせい.

篠山町商工会記念誌編集委員会編，1991，『篠山町商工会発足八十年・法制化三〇周年記念誌』篠山町商工会.

篠山町商工青年会議，1995，『30周年記念誌 鳳 1966〜1995』.

塩見淳一，1970，「酒造季節従業者（丹波杜氏）に関する調査」『滋賀大学教育学部紀要，人文科学・社会科学・教育科学』第20号，滋賀大学教育学部，106-114.

菅野正，1978，『近代日本における農民支配の史的構造』御茶の水書房.

瀬戸亀雄，1996，「私の歩いてきた道これからの道」『郷友』第388号，多紀郷友会.

園田英弘・濱名篤・廣田照幸，1995，『士族の歴史社会学的研究』名古屋大学出版会.

多紀郷友会，『郷友』各年度.

田中和男，1986，「近代日本の『名望家』像──地方改良運動での『篤志家』と民衆」『社会科学』37号.

丹波古文書の会編，2011，『阪東直三郎日記──篠山士族二十才の記録』ロードス書房.

常松隆嗣，2010，「篠山藩における藩士帰農問題──明治三年「御藩士散居一件」の紹介」『新兵庫県の歴史』(2) 1-22. 兵庫県.

デカンショ祭50回記念事業特別委員会編，2004，『丹波篠山 デカンショ祭五十回記念誌』.

内藤辰美，2009，「地域的協同と地域リーダーの可能性」高橋勇悦・内藤辰美編『地域社会の新しい〈共同〉とリーダー』恒星社厚生閣.

橋本哲哉編，2006，『近代日本の地方都市──金沢／城下町から近代都市へ』日本経済評論社.

兵庫県『兵庫県統計書』各年度.

兵庫県立篠山産業高校，1984，『五〇周年記念誌』.

水上勉，1965，『負籠の細道』集英社.

山口博美，1991，「旧帝国陸海軍郷友将星の群像」『創立・創刊一〇〇周年記念号 郷友』第374号，多紀郷友会.

コラム6
多紀郷友会と会誌『郷友』

　創立・創刊120周年――篠山の持つ「地域力」の底流のひとつに、この団体が有する歴史の重みがあることを疑う者はないだろう。
　多紀郷友会は、1891（明治24）年に旧藩主青山家に養育生としてかかえられた旧藩士子弟を中心に結成された篠山市（旧多紀郡）関係者の親睦団体である。設立背景上、会員は藩校をルーツとする篠山の伝統的進学校である県立篠山鳳鳴高校出身のエリート層が多数を占めてきた。会誌『郷友』は、団体成立と期を一にして創刊された『多紀郷友会雑誌』に始まり、戦中戦後の休刊時代を経て1949（昭和24）年に復刊し、2013（平成25）年度には第437号を迎えている。

会誌『郷友』

（撮影　奥井亜紗子）

2012（平成24）年10月現在の会員数は764名、会費は年3,500円、会員には東京・大阪をはじめ全国で活躍する離郷会員と、郷里篠山で地域を支える在郷会員の双方を含む。会員の紹介による入会は個人単位であるが、兄弟や親せきそろっての入会、またその歴史の長さから親子代々の会員も少なくない。現在の『郷友』は年3回刊で発行部数は1,000部であり、篠山市の現況報告、会員のエッセイや文芸欄、近況だよりなど、毎号約80頁の充実した誌面構成である。
　会の活動としては、会誌『郷友』発行のほか、関東、関西、篠山で年1回～数年に1回ペースで開催される郷友の集いがあげられる。集いの様子を『郷友』記事からみてみよう。2012（平成24）年9月に神戸旧居留地にて開催された第22回郷友神戸での集いは、出席者72名、酒井隆明現市長による篠山の現況についての報告の後、歓談、アトラクション（詩吟、多紀郡歌の紹介など）、参加者全員での「故郷」合唱、そしてフィナーレはデカンショ節を踊るというものであり、デカンショ節保存会から踊り手の谷田治氏他2名を招いて足さばきの指導もおこなわれている。
　こうした集いは、離郷会員にたいして、郷里篠山に思いを馳せ「郷友」の絆を新たに紡ぎ直す機会を与えてきた。そして遠く離れた場所から郷里を注視する彼ら離郷会員の存在は、篠山のあり方を直接間接に方向づけてきたのである（第4章）。

（奥井亜紗子）

コラム7　デカンショ祭

　「ヨーオイヨーオイデッカンショ」という軽快な囃子ことばで有名なデカンショ節は、篠山地方に伝わる盆踊り唄である「みつ節」が変形したものといわれている。このデカンショ節に合わせて踊る祭りが「デカンショ祭」である。毎年8月15、16日の2日間開催され、約8万人が訪れる篠山を代表する祭りである（平成23年度数値。篠山市商工観光課提供資料）。

　デカンショ節は戦前、旧制高校の学生たちの愛唱歌として全国的に広まったが、戦後、篠山の盆踊りでもデカンショ節はほとんど歌われなくなっていた。そこでデカンショ節の復興をはかろうと、町内ごとに踊られていた盆踊りを統合して、1953（昭和28）年、篠山町商工会・篠山観光協会・篠山民謡保存会の共催で第1回デカンショ祭が開催された。当時の新聞には、「わき返った篠山の街　街角すべて踊りの輪　デカンショ祭未曾有の賑い」（デカンショ祭50回記念事業特別委員会編　2004；5）とあり、祭りで盛り上がる町の様子がうかがえる。

　祭りは2012年に60回を迎えたが、この間、会場や踊りの型が変更されてきた。

　第1回目の会場となった京口橋下流の河原は足場が悪く、町の中心から外れていた。そのため、1967（昭和42）年には、数千人が見物できる観覧席と約9千平方メートルの広さをもつ市民グランドに会場が移された[注]。大勢の人たちが祭りを観覧できるようになったことで、祭りの規模はその後、拡大されていった。

デカンショ祭の踊りの環
（写真　篠山市商工会提供）

　一方、踊りも踊りやすい振りつ

けへと数度にわたり改変されてきた。もともと流派ごとに異なっていた振りつけを祭りが始まった翌年に一本化した。しかし素人が踊るには難しいという理由から、さらに手直しがほどこされた。1968（昭和43）年には、流麗な「流し踊り」から素朴でリズミカルな「輪踊り」に変更し、見せる踊りからみんなが踊れる踊りへと改められた。振りつけの変更はその後も数度おこなわれている。

やぐらの上に上がる花火
（写真　篠山市商工会提供）

　会場、振りつけの変更や新たなプログラムの追加などをとおして、デカンショ祭は「見る祭り」から「参加する祭り」へと変化していった。その背景には、第4章にあるように、篠山商工会、とくに祭りの実質的な企画と運営を担ってきた篠山町商工会青年会議（現在は青年部）の活動があったことを忘れてはならない。

【注】
　市民グランドに移動した年について、『篠山町百年史』『丹波篠山デカンショ祭50回記念誌』では1967（昭和42）年、『篠山町商工青年会議30周年記念誌鳳』では1968（昭和43）年と記述に違いがみられる。ここでは前者にもとづいた。

【参考文献】
デカンショ祭HP（http://dekansho.com/、最終アクセス2013年4月3日）.
兵庫県篠山市 地域情報データベース（http://www.city.sasayama.hyogo.
　jp/dekansho/indexdeka.html、最終アクセス2013年4月3日）.
デカンショ祭50回記念事業特別委員会編，2004，『丹波篠山 デカンショ
　祭 五十回記念誌』.

（武田祐佳）

河原町の伝統的建造物群保存地区の町並み

第5章　町屋活用と地域づくり
―― 城下町地区の取り組みから

武田祐佳

商店街は年末大売り出し期間中！

1. 地域再生を阻む「壁」

　大阪駅からJR福知山線に乗り、およそ1時間で篠山市の玄関口、篠山口駅に到着する。駅からさらに路線バスに乗り換え10分ほど東に向かうと、篠山市の中心市街地にはいる。そこは、江戸末期まで篠山藩6万石の城下町だったところである。篠山藩がなくなった後も城下町は多紀郡の中心地として栄えた。とくに、かつて商人町が形成されていた旧街道沿いは商店街へと発展し、明治から昭和にかけて「多紀郡の台所」と呼ばれるほどのにぎわいをみせた。商店街の東端に位置する河原町一帯には、妻入町屋が現在も往時の姿をとどめており、国の重要伝統的建造物群保存地区になっている（コラム8）。

　篠山では近年、城下町地区[1]を中心に、古い町屋や古民家を活用した地域づくりがさかんである。「なぜ今、クラフト好きは丹波篠山を目指すのか？！　古民家を利用した工芸ショップなどが続々オープンしている丹波篠山」（『CASA　BRUTUS』2012年7月号）、「にほんの環境ユートピア　近畿の町兵庫県篠山市　人と里山大作戦　古民家を利用したソーシャルビジネス」（『ソトコト』2011年12月号）、「京阪神から約1時間　新店めぐりと里山ごはん　篠山」（『Richer』2011年8月号）といった具合に、篠山の町屋・古民家を利用したギャラリーやレストランなどがマスコミに紹介される機会が増えている。河原町あたりを歩いていると、こうした記事をみて篠山に来たとおぼしき女性グループや若いカップルの姿をよく目にするようになった。

　庶民の伝統的な住宅である町屋の構造や外観を壊さずに、内部を改築してギャラリーやカフェとして活用した「町屋（町家）再生店舗」は、その先駆けである京都では1990年代初めごろから徐々に広まり、その後、奈良市の奈良町、大阪市の中崎町や空堀商店街界隈、岡山市の倉敷などでも同様の取り組みがなされてきた。

第 5 章　町屋活用と地域づくり——城下町地区の取り組みから

　涌田幸宏によれば、「町屋（町家）再生」「古民家再生」の実践が1990年代後半以降活発化しだした背景には、中心市街地活性化法の施行（1998）を契機として、古い町並みが残る地方都市の商店街やNPOが、まちなかにある空き家や空き店舗の再生・活用に積極的に取り組み始めたことがあるという[2]（湧田　2009）。このように、「町屋（町家）再生」は、地方都市における地域づくり——「地域再生」や「地域活性化」と称される動きと結びつき広まったといえる。

　しかし、地域の再生は容易ではない。衰退している地域において新たな地域づくりをおこなおうとする際、そのプロセスを阻む「壁」のひとつに、土地建物の所有権の問題がある。たとえば、商店街やNPOが空き店舗対策を進めようとしても、家を貸すのを拒むなど、所有者が土地建物の流動化を止めているために地域づくりが進まないケースが少なくない。こうしたことから地域再生のプロセスを進展させるためには、土地建物の利用を所有者から切り離し、新たな地域づくりの主体に委ねる土壌を整えることが求められているのである（矢部　2006・2010・2011；西郷　1996・1999）。

　土地建物の流動化が進み、新しい地域づくりの担い手による地域再生に成功した例として、滋賀県長浜市があげられる[3]。長浜市では、衰退する中心市街地において歴史的建造物の保存が問題になったとき、保存に立ち上がったのは、中心市街地の地権者であり従前からの地域づくりの担い手である地元の商業主たちではなく、郊外に住む非商業主たちだった。彼らにより設立された第三セクター株式会社「黒壁」は、この建物を取得・改修してガラス製品を売る店舗を経営し成功させたことで、近隣の空き店舗を所有者から借り受け、ガラスをコンセプトにした店を次々と開いていった。それに呼応して同地域内の店も改修されてゆき、「黒壁」という新たな地域づくりの担い手によってシャッター通りだった中心市街地は、ガラスをテーマとするまちに再生され

たのである（矢部　2006・2010・2011；西郷　1996）。

　本章でとりあげる篠山城下町地区も長浜と同様、既存の地域づくりの担い手は、商店街の商店主たちを中心とする地元の自営業主たちである。しかし、商店街の衰退にくわえ、住民の高齢化や人口が減少するなか、地元の自営業主でない人たちが空き町屋を再生して新たな地域づくりを展開しつつある。

　そこで本章では、こうした城下町地区における新たな地域づくりの担い手たちの活動に焦点をあて、同地区において土地建物の所有と利用の分離がどのように進められているのか、すなわち土地建物の利用権を新たな地域づくりの主体に委ねる土壌の生成過程を描くことを目的とする[4]。

　まずは、1990年代以降における、城下町地区を取り巻く環境変化についてみていくことにしよう。

2. 1990年代以降の城下町地区を取り巻く環境

2.1　篠山商店街の衰退

　戦前・戦後をとおして、城下町地区は多紀郡の商業の中心であったが、1990年代以降、その地位が揺らぎ始める。JR福知山線の電化（1986）と複線化（1997）、近畿自動車道敦賀線の開通（1988）は、城下町地区につぎのような2つのインパクトを与えることになった。

　ひとつは、JRの駅やインターチェンジのある篠山市西部に大型小売店舗ができたことやモータリゼーションの進展により、篠山商店街は篠山市内のみならず、三田市など周辺都市の大型小売店と競争せざるをえなくなったことである。

　大型店の脅威にたいし城下町地区の自営業主たちは当初、大型商業施設を造ることで対抗しようとしたが、資金問題や意見の集約がはか

第 5 章　町屋活用と地域づくり――城下町地区の取り組みから

れず計画は白紙になった。その後、経営者の高齢化や後継者不足で閉める店舗が増えるなか、篠山市商工会が空き店舗対策に乗り出すが、空き店舗の活用はあまり進んでいない[5]。2002（平成 14）年には中心市街地活性化法にもとづくまちづくり会社（TMO）が設立された[6]。TMO が主事業として取り組んだのが、JR バス本篠山駅跡地の活用であった。跡地に農産品の販売と飲食店を合わせた施設を建設する計画だったが、これも市の財源不足でとん挫してしまう。このことが自営業主たちに与えた衝撃は大きく、TMO も 2010（平成 22）年、他の組織に再編されてしまったのである[7]。

　こうして城下町地区は、商店街の衰退にたいして有効な手立てを講ずることができず今にいたっている[8]。それは商業統計の数値にもあらわれている。商店数は 1997（平成 9）年の 281 店から 2007（平成 19）年には 197 店に減り、市全体の年間販売額に占める割合も 28.4％から 18.1％に減少するなど、篠山商店街の商業的地位は低下している（篠山市中心市街地活性化協議会　2011）。

　もうひとつのインパクトは、京阪神へのアクセスが向上したことで、デカンショ祭や丹波焼陶器まつり、丹波篠山味まつりといったイベントを中心に 1990 年以降、観光客数が大きく伸びたことである[9]。そのため、商店街の一部には、観光客向けに品ぞろえを変える店もあらわれ、生活に密着した商店街をめざす商店主とのあいだであつれきを生むことにもなった。しかし、増えつづけていた観光客も 2004（平成 16）年の 319 万 7 千人を境に減少に転じた。中心市街地を訪れる観光客数も減少し、2009（平成 21）年度には 74 万 5 千人とピーク時にくらべ約 25％落ち込むなど（篠山市中心市街地活性化協議会　2011）、イベント集客型の観光にも陰りがみえ始めている。

　このように、交通網の変容は観光客数の増加をもたらした反面、結果的には篠山商店街の衰退を加速させたといえる。さらに同地区の人

口も減少傾向にある。1970（昭和45）年の1,771世帯6,356人から、2010（平成22）年には1,568世帯3,656人と約4割減少した。また、2010年の高齢化率は33.1％で、市全体の高齢化率（27.5％）よりも高い状態にある（数値は篠山市住民基本台帳による）。

2.2　新たな地域づくりの担い手

　城下町地区は明治以降、商工業者のまちとして栄えたという歴史的経緯から、伝統的に地域づくりの担い手は同地区で代々商売を営む自営業主たちであり、彼らの活動の母体である商工会であった。彼らは、自分たちの商売の発展が地域の発展につながるという信念と地域への愛着を支えに活動をおこなってきた。毎年8月15・16日に開催され、約8万人もの人を集めるデカンショ祭も、彼らが企画・運営するなかで篠山を代表する祭りに育てあげてきたものである（第4章、コラム7）。祭りの運営や商工会での諸活動をとおして、彼らは地域の担い手としての自覚と実践力を身につけ、同地区の住民たちからも「まちの原動力といったら商工会」（河原町住民：2002年8月7日）とみなされてきたのである。ところが自営業主たちの生活基盤が不安定化するにつれ、自営業主たちにかつてのような勢いはなくなりつつある。

　そうしたなか、現在、城下町地区で進められている空き町屋を活用した地域づくりを主導しているのは、これまで同地区の地域づくりを担ってきた地元の自営業主たちではない。「商工会員、昔から力をもっていた人たちがやっていたんとは違う感じの、外からの人」（西町商店主：2011年3月29日）が城下町地区の地域づくりにかかわり始めているのである。

　以下では、この新たな動きを主導してきた（している）3人の人物に焦点をあて、城下町地区における地域づくりの展開をみていくことにする。まずは、3人のプロフィールを簡単に紹介しておこう。

第5章　町屋活用と地域づくり——城下町地区の取り組みから

　A氏は、兵庫県の林業技術職員であると同時に、「NPO法人町なみ屋なみ研究所」（後述）の理事長でもある。A氏は古い町並みや寺をたずね歩くのが好きで、学生時代から各地を回っていた。県の林業職員として北摂里山博物館の設立にかかわった経験をもつ。

　B氏も元兵庫県職員で、A氏とは旧知の間柄である。県職員時代には、地域環境の形成をはかる「緑条例」の策定にもたずさわった。こうした経験を買われて2007年3月、B氏は酒井隆明篠山市長の就任にともない篠山市の副市長につき、2011年3月まで副市長をつとめている。現在は、「一般社団法人ノオト」（後述）の代表理事である。

　C氏は、西宮でカフェを経営していたときにA氏と出あい、A氏の仲介で城下町地区の町屋を購入してギャラリーを開いた。篠山への事業者誘致にたずさわり、2010年、友人とともに「プラグ合同会社」を設立した。現在は、篠山周辺の有機農家と連携してワークショップを開催したり地場産品の掘り起こしなどをおこなっている。

3. 丹波古民家再生プロジェクト

　城下町地区において、町屋の再生・活用が注目される契機となったのは、2005年に始まったNPO法人たんばぐみ[10]の「丹波古民家再生プロジェクト（以下、プロジェクト）」であった。プロジェクトのきっかけは、A氏のつぎのようなアイディアだった。

　町屋が壊される理由のひとつは、改修費が高いことにある。工務店に相談しても、新築するほうが安いし耐震性もあるといわれ改修をあきらめてしまう[11]。そこで、市民ファンドをつくって町屋を買い取り、ボランティアの力を借りて安価に改修し、町屋を活用したい人に売却する仕組みを作ろうと考えたのである。

　アイディアを試す場所を求めていたA氏は、たんばぐみの会員だっ

183

たB氏に誘われ、たんばぐみ主催の町並み見学会に参加し、そこで城下町地区の古い町屋の売り物件をみつける。「このままでは近いうちに解体されてしまう」と思ったA氏は、B氏とB氏の声かけで集まった3人のメンバーとともに、たんばぐみ内に「古民家再生プロジェクト」を立ち上げ、アイディアを実行に移していった[12]。

　ボランティアはインターネットなどで募集し、ボランティアを指導するプロの職人はメンバーのつてで協力が得られることになったが、問題は資金の確保だった。市民ファンドによる資金調達は現実的に難しく、建物の買い取り費用や改修にかかる諸経費はA氏がほぼ負担する形でプロジェクトは進められていった[13]。

改修前の町屋

改修後の町屋

（写真出所）丹波古民家再生プロジェクトHP（http://www.eonet.ne.jp/~kominka/、最終アクセス2013年10月12日）

（撮影　武田祐佳：2012年4月8日）

　町屋の改修工事は2005年11月に始まり、2007年12月に完了した[14]。完成後に開かれた見学会には近隣住民も大勢訪れ、昔の状態に修復された町屋をみて、「やっぱり古い家はいいなあ」「自分とこつぶしてしまって恥ずかしいわ」といった感想を述べたという。

　改修された町屋をまちの人たちにみせたことの意義は大きかった。この1軒が完成したことでまちの人たちのA氏たちの活動をみる目

第5章　町屋活用と地域づくり——城下町地区の取り組みから

が変化した。町屋が売却・解体されそうだといった情報が、A氏らのもとに寄せられるようになったのである[15]。

　プロジェクトがたんばぐみから独立し、「NPO法人町なみ屋なみ研究所」となるまでの6年間に、A氏たちは城下町地区において、専門家（建築士、大工・左官職人など）とボランティアの協働による町屋の改修を4軒手がけた（表5-1）。そして、2009（平成21）年にはこうした一連の活動が評価され、「まちづくり功労者国土交通大臣賞」を受賞している[16]。

表5-1　丹波古民家再生プロジェクトが手がけた町屋の改修事業

	場所	改修工事の実施期間	プロジェクトとしてのかかわり
1軒目	立町	2005年11月～2007年12月	・建物の買い取り後、個人に売却（ギャラリーとして利用） ・ボランティアによる改修作業
2軒目	河原町	2008年1月～11月	・隣家からの出火で延焼した町屋をボランティアで修復
3軒目	二階町	2008年11月～2009年7月	・建物の買い取り後、個人に売却（ギャラリー＆カフェとして利用） ・ボランティアによる改修作業
4軒目	西新町	2009年8月～2010年10月	・所有者から建物を借り受け、個人にリース（カフェとして利用） ・ボランティアによる改修作業

4. 町屋を活用した地域づくりの展開

　古い町屋や町並みを守りたいというA氏の思いから始まった活動は、4軒の町屋の修復につながった。しかし、1軒目の改修作業をとおして、A氏たちは、町並みを維持させるためには町屋を修復するだけでなく、町屋の活用方法も考えなければならないことに気づかされる。以降、A氏たちの活動は、町屋の改修作業にくわえ、町屋への事業者誘致を含む活動へと展開していくことになる。彼らはどのよ

うな方法で町屋の活用を進めていったのか。つぎにみていくことにしよう。

4.1　町屋を利用したイベントの開催

　京都や奈良など古い町屋が残る都市を歩くなかで、店自体が観光資源になることを実感していたA氏は、遠くからでも足を運んでくれるような魅力的な店を町屋に誘致し、そうした店を集積させていくことで古い町屋や町並みを守ろうと動きだす。

　A氏は、大阪や神戸の知り合いの店に足を運んでは、「町屋のよさを活かしてくれそうなセンスのよい人」たちに声をかける一方、町屋を利用したイベントを企画する。それは、雑貨店や飲食店をしている事業者を呼び、普段店舗として使われていない町屋に一時的に出店してもらうことで、町屋に店がはいるとまちがどうなるかを住民や観光客に体験してもらうというものであった[17]。

　A氏のこの企画は、2009年の丹波篠山築城400年祭の公募イベントに採用されることになった。イベントを実施するにあたり、A氏は、プロジェクトのメンバーやC氏、城下町地区に住む有志たちとともに「丹波篠山まちあるき実行委員会」を結成して、町屋の所有者に家を使わせてくれるよう依頼しにまわったり、イベントに出店する事業者との交渉にあたった。それと同時に、古い町屋を利用した店舗と城下町地区の景観ポイントを紹介した「丹波篠山とってもレトロなまち歩きマップ」も作成した。イベントは2009年4月の2日間おこなわれた。城下町の東西に位置する河原町と西町がおもな会場であり、この2つの会場を回るためには、観光客は必然的に「まち歩き」しなければならない仕掛けになっている。期間中、予想を上回る人びとが訪れ、イベントは大成功に終わった。

　このイベントは1回限りだったが、町屋に一時的に店を出すという

第 5 章　町屋活用と地域づくり――城下町地区の取り組みから

やり方は、2010 年から始まった「ササヤマルシェ」に踏襲されていく。
　ササヤマルシェは 10 月の週末、丹波篠山味まつりにあわせて河原町で開かれるイベントである。農産品が主体の味まつりとは異なり、各地から野菜づくりやものづくりにたずさわる人が集まり、町屋のなかや軒先を使って、雑貨やアクセサリー、衣服、菓子、パン、陶器、野菜などを販売するもので、7 日間で 80 ～ 90 店が出店し、約 7 万人が訪れるという。このササヤマルシェを企画・運営しているのが「プラグ合同会社」代表の C 氏である[18]。
　C 氏自身も、A 氏に誘われて城下町地区にやって来た事業者の 1 人である。C 氏は、地元の人たちと交わるなかで、篠山には農家やものづくり作家など豊かな人材がいること、使用されていない古民家がたくさんあることを知り、事業者誘致にかかわるようになったという。
　事業者の誘致は、どこにどんな店を誘致すればいいかを考えながら、物件が出てきそうなときにこういう人を連れてきたいと思って連れてくる。とはいえ、貸してくれる町屋が少ないため、C 氏は自身が購入した町屋に事業者を誘致したりもしている。こうしたことから、C 氏はこのマルシェを、空き町屋の所有者にたいする一種のプレゼンテーションと位置づけている。マルシェに大勢の人が訪れ、にぎわう様子をまちの人たちにみせることで、町屋の活用が地域の活性化につながることを町屋の所有者に実感してもらいたいと考えているのである。
　ところで、町屋を利用したイベントは、事業者を篠山に誘致する点においてもまた、重要であると思われる。イベントに出店する事業者の多くは、京阪神に住む比較的若い人たちであり、篠山には遊びに来たことがあるぐらいで、篠山とのつながりはほとんどないといってよい。しかし、イベントへの出店をきっかけに、事業者のあいだで篠山という名前や、篠山での A 氏や C 氏たちの活動が知られるようになっている。A 氏や C 氏は、こうしたイベントで築いた事業者たちとの

直接的・間接的なネットワークを通じて篠山への誘致を働きかけている。実際、イベントに出店した人が、篠山の町屋で店を出したケースもある。つまり、町屋を利用したイベントは、将来篠山で店を開くかもしれない「予備軍」を生産しているともいえるのである。

4.2　町屋の貸借の促進
4.2.1　サブリース方式
　冒頭で触れたように、新たな地域づくりを妨げる要因のひとつは、所有者が土地建物の利用権を手放さないために土地建物の流動化が進まないことにある。それは、篠山城下町地区においても同様である。
　家主が家を貸ししぶるのには、いくつかの理由がある。篠山商店街の町屋は職住一体型が多く、店は閉まっていても奥に人が住んでいるケースがある。店舗部分だけを借りようとしても、店を貸すと出入りが不自由になる、あるいは借り手が飲食店だと水回りの工事が必要になるので貸したがらない。空き家であっても、「盆・正月には帰省する」「物置にしている」「仏壇が置いてある」などという理由で貸すことに積極的でない。また、土地建物ともに自己所有が多く、長年商売をしてきて蓄えもあるため店舗を貸す必要性を感じないなどである[19]。
　こうした理由以外に、他人に家を貸すことへの心理的な抵抗感もある。抵抗感には貸借上のトラブルにたいする恐れもあるが、「5、6万円もらうために世間から笑われるのはイヤ」「金に困っていると思われたくない」といった具合に、家を貸すことにたいする周囲からの評価への恐れもある。家を貸すことは、篠山のことばでいうと「なりが悪い（世間体が悪い）」ことのようなのである。
　さて、プロジェクトが扱った2つのケース（1軒目、3軒目）では、売りに出されていた町屋をプロジェクトがいったん購入し、町屋を利用したい人に売却する方法がとられていた。それにたいし、4軒目の

第 5 章　町屋活用と地域づくり——城下町地区の取り組みから

ケースでは、建物の所有者が改修費用を負担して、プロジェクト＝NPO 法人町なみ屋なみ研究所（以下、町屋研）[20] が改修をおこなった後、町屋研がその建物を借り受け、事業者に転貸するという「サブリース方式」がとられている。

　当該の建物（武家屋敷）は篠山城跡の西の堀端にあり、その家がなくなると城下町の景観上、大きな損失となる。周りの景観に合わせて家を修復して店として活用すれば、景観が保たれると同時にまちの活性化につながると A 氏が家の所有者を説得して、サブリースが成立した[21]。

　この方法だと、建物の所有者にとっては、町屋研が仲介するので貸借上のトラブルへの不安が少なく、負担した建物の改修費用も賃料で相殺できる。一方、町屋研は建物を購入するリスクを負わずに建物を利用できる。また、出店する事業者にとっても、本来ならば、自ら建物を改修しなければならないところ、賃料だけ払えばいいので出店しやすい[22]。

　こうしたサブリース方式を用いて、空き家の活用をさらに積極的に推し進めているのが、つぎにみる B 氏が代表理事をつとめる「一般社団法人ノオト」である。

4.2.2　一般社団法人ノオト

　2007 年に篠山市の副市長に就任した B 氏が市の行財政改革の一環として取り組んだのが、第三セクターの整理・再編だった。市の出資法人が扱っていた事業のうち、文化関連事業を担う法人として 2009 年 4 月に設立されたのが「一般社団法人ノオト」である[23]。

　ノオトは、再編前の法人から引き継いだ事業にくわえ、新たな事業として、地域づくり活動の支援やツーリズム事業、スローフード事業など地域再生にかかわる幅広い事業をおこなっている（コラム 9）。こ

うしたノオトがとる地域再生戦略の柱のひとつが、空き家の活用である。「空き家は通常、地域にとって負の遺産、衰退の象徴だが、それを強みにしていく価値の転換こそが地域再生のカギである」というB氏の言葉に示されているように、ノオトは現在、篠山全域を対象にして、空き家を再生・活用した事業を展開している[24]。

　家主から建物を借り受けるために、ノオトが用いている基本的なスキームはつぎのようなものである。所有者からノオトが定期借地権[25]を利用して10年間無償あるいは無償に近い金額で建物を借り受け、ノオトの自己資金と必要な場合には公的な補助金を使って建物を改修し事業者に転貸する。改修にかかる費用は事業者から支払われる賃料で相殺し、10年後には所有者に建物を返還する[26]。町屋研との違いは、空き家の所有者は基本的に無償で家を提供し、ノオトが改修費用を工面する点と、改修作業はボランティアを使わずにプロの職人のみでおこなう点である。

　無償で家を提供するというと、家主は損をするのではないかと思われるかもしれない。しかし、家を改修するにしろ、つぶして更地にするにしろ何百万円という費用がかかるし、使わないで放置しておけば家も傷む。それを考えると、10年後には改修された家が戻ってくるわけで、家主にとってけっして損な話ではない。

　インタビュー時点（2013年1月）において、ノオトは城下町地区で河原町にある4軒の空き町屋を借り受け、事業者に転貸している。4軒の町屋は、雑貨店、ピザ屋、有機野菜などを扱う食料品店、篠山の生活文化体験プログラムを企画するグループの拠点施設として使用されており、このうち、ピザ屋と食料品店はノオトのチャレンジショップである[27]。

　家主との交渉はB氏自らがあたる。まちづくりのために家を使わせてほしいと説明して家主から了承を得る。店として利用する場合に

第 5 章　町屋活用と地域づくり――城下町地区の取り組みから

は、町内の既存店と同じ業種をいれないよう配慮している。

　雑貨店とピザ屋ができてからの町の変化について、河原町の住民にたずねてみると、「そんなに目にみえてわあっと増えたとは思わないですけど、ただ歩いている人の数が違いますわ。とくに夏場とかね。夏場なんて人っ子一人歩いてなかったですから」（河原町商店主：2012年4月2日）、「こうやって今人が通るのもピザ屋さんのおかげ。今までだったら昼間誰も通りを通らない。ここ数年のあいだに、平日でもシーズンオフでも人が通るようになった」（河原町住民：2012年9月11日）と、店ができたことで人通りが増えたと感じているようだ。

　城下町地区の地域づくりについてB氏は、「篠山キャッスルホテル」というビジョンをもっている。それは、城下町地区をひとつのホテルにみたて、空き町屋に宿泊施設（客室）、地場レストランやカフェ、地元の工芸品を扱う雑貨店などを埋め込み、既存のクリーニング店や写真店などにもホテルの機能の一部を担ってもらうことで、生活者向けの店も商売が維持できるようなまちにしていくというものである。その実現に向けて、B氏は、これからも城下町地区の空き町屋の活用を進めていくつもりだという。

5.　土地建物の所有と利用の分離をうながしたもの

　これまでみてきたように、町屋研（プロジェクト）は、市民ファンドとボランティアによる町屋再生をめざして活動を開始した。市民ファンドは実現しなかったが、ボランティアによる町屋の改修作業は現在もつづけられている[28]。また改修作業以外に、町屋を購入・借り受けて、町屋を利用したい人に売却・貸すことで、町屋の活用をうながしてきた。一方ノオトは、B氏の「篠山キャッスルホテル」というビジョンにもとづき、家主から町屋を無償あるいは安価で借り受け、

自己資金や補助金を用いて改修し、事業者に転貸している。プラグは、事業者を誘致して町屋に出店させるとともに、ササヤマルシェを開催して城下町地区への集客に寄与してきた。

このように、町屋研・ノオト・プラグは、空き町屋の活用をはかる点では共通しつつも、それぞれ独自の活動を展開してきた。彼らのこうした活動は、同地区につぎのような変化をもたらしている。

1つめには、空き町屋におしゃれなカフェやレストラン、ギャラリー、器や雑貨を扱う店、有機野菜や自然食品を売る店などを出店させ、町屋に「商業機能」と「集客機能」という価値を付与することで、それまで放置されていた町屋を地域づくりの資源に変えたことである。彼らは、町屋を貸したい人・借りたい人をたんにマッチングさせるのではなく、町屋の所有者にたいして町屋を貸すよう積極的に働きかけるとともに、町屋のよさを活かし、集客力をもつ事業者を自ら選んで戦略的に町屋に出店させていった。また、町屋を利用したイベントを開催し、イベントや店が雑誌などにとりあげられることで、城下町地区への客の流れが形成されていった。

2つめには、城下町地区を訪れる観光客層に変化がみられることである。これまでは団体・高齢層の観光客が多かったが、最近では若い女性グループ客が増えているという（篠山市商工課：2013年1月16日）。こうした観光客層の変化に呼応するように、市がめざす観光のあり方も変化している。第2節で述べたように、従前の篠山の観光はイベント集客型の観光であったが、2009年の『篠山市観光まちづくり戦略』では、町並みや景観を活かしたまち歩き観光をめざすことが示されている。篠山市商工課へのインタビューによると、「まち歩き観光」という考え方は、それ以前にはなかったという（同上）。

3つめは、河原町の住民の語りにあったように、以前にくらべると人通りが多くなったことを住民たちが実感しており、その結果、河原

第 5 章　町屋活用と地域づくり──城下町地区の取り組みから

町では「商売がある程度成りたつ客の数が出てきた。それにともない店を開けるようになったし、外に出て人に声をかけるようにもなってきた」（C 氏：2012 年 9 月 6 日）と、住民のあいだに商売への前向きな意欲が芽生え始めたことである。

　では、こうした町屋の再生・活用の流れはどのように形成されてきたのか。土地建物の所有と利用の分離という観点から整理していこう。

　町屋研（プロジェクト）は、売りに出されていた町屋を昔の状態に修復して、周囲から一定の承認を得た後、2 軒目、3 軒目と町屋の改修作業を重ねていった。そして、これらの活動が評価され国土交通大臣賞も受賞した。A 氏が 4 軒目の建物を借りる際、建物の所有者から同意を引き出すことができたのは、町屋研が城下町地区で町屋再生の活動を継続的におこなってきたという実績によるところが大きいと思われる。

　ノオトは、篠山市の第三セクターの再編で誕生した。ノオトの基本スキームは、所有者に建物を無償あるいは安価で提供させる代わりに、ノオトが費用を調達して建物を改修し、一定期間使用した後、所有者に返還するというものである。放置していた家がきれいになって戻ってくることから、家主にとってノオトに家を貸すことにはそれなりのメリットがあるといえるだろう。だがそれ以上に、代表理事が（元）副市長であるという事実は、家主にノオトにたいする信頼感と安心感を与え、家を提供しやすくさせている。

> 「（家を）遊ばしてもおられへんし、ノオトさんがあいだに入ってくれるならいいよと。ノオトさんが来てからだんだんそういうふうになっていったんですよ。だからみんな安心して（貸す）」（河原町商店主：2012 年 4 月 2 日、（　）内は筆者挿入）。

このように城下町地区では、町屋再生の実績をもつ組織と公的機関と接点をもつ組織が仲介者となることで、土地建物の所有者から利用権を切り離し、仲介者自らが土地建物の利用者となって古い町屋を活用しての地域づくりを進めているのである。

　他方、プラグは町屋研やノオトのように、自らが町屋の利用者となるわけではない。しかし、ササヤマルシェは「空き町屋の所有者にたいするプレゼンテーション」というＣ氏のことばどおり、普段は閉まっている町屋を店舗にし、通りが「通れないほど人が来る」（下河原町住民：2012年9月17日）様子を示して、町屋の活用が地域の活性化につながることを所有者に実感させることで、間接的に土地建物の所有と利用の分離をうながしていると考えられる。また、町屋を利用したイベントの開催は事業者たちとのネットワークを形成する契機となっており、Ｃ氏たちは、こうしたネットワークを使って篠山での活動（ワークショップ、さまざまなイベントなど）の情報を発信したり、事業者の誘致を働きかけていた。

　このような形で事業者誘致をはかっているのは、篠山の地理的条件も関係しているように思われる。京都や大阪の中心部では、積極的に誘致を働きかけなくても再生した町屋への入居希望者は多い。一例をあげよう。戦前に建てられた長屋が残る大阪の空堀商店街界隈では、2001年より「からほり倶楽部」という団体による長屋の再生・活用がおこなわれている。そこでは、300人ほどの入居希望者にたいして空き物件待ちの状態であり、長屋再生店舗のテナント募集にも多数の応募があるという（柴田　2006：10）。

　交通の便がよくなったとはいえ、都会から離れた場所で店を開こうという事業者は多いとはいえない。そのため、イベントを開催して、事業者たちに篠山に足を運んでもらい、篠山の町屋で店を出す雰囲気を体験してもらうことの意味は大きいといえるだろう[29]。また、この

ような方法で誘致の対象となる事業者の数を広げることは、客を呼べるセンスと実力をもった事業者と出あう可能性を高めることにもなり、間接的に土地建物の流動化に寄与していると考えられるのである。

6. これからの地域づくりに向けて

　本章では、城下町地区における新しい地域づくりの担い手たちに焦点をあて、土地建物の所有と利用の分離がどのように進められてきたのかについて検討してきた。今回、明らかになったことは、つぎのとおりである。
　町屋再生の活動実績をもつ組織と公的機関と接点をもつ組織が仲介者となり、町屋の所有者に信頼感と安心感を与えることで、土地建物の所有と利用の分離をうながしてきた。また、空き町屋を利用したイベントは、町屋の活用が地域の活性化につながることを町屋の所有者に示すとともに、イベントをとおして築かれた事業者とのネットワークを利用して空き町屋に事業者を誘致することで、土地建物の所有と利用の分離に間接的に寄与している。
　このうち前者、すなわち土地建物の所有と利用の分離をうながすためには、仲介者（＝地域づくりの担い手）への「信用」や「安心感」が不可欠な要素であるという点については、長浜の地域再生にかんする一連の研究（西郷　1996、矢部　2006、2011）においてすでに指摘されてきたところである[30]。しかし筆者は、土地建物の流動化をうながすためには、もうひとつ重要な要素があると考えている。
　A氏もB氏も所有者に建物の貸借を依頼する際、「まちのために（建物を）使わせてほしい」と述べている点に着目しよう。「建物を貸すことが、まちのためになるんだ」という確信、いいかえると、家を提供することの社会的な意義――「地域の再生」という公共的な問題へ

の寄与の感覚と喜び——を土地建物の所有者に実感させることが重要であると思われるのである[31]。

　そのためには、新しい地域づくりの担い手と建物の所有者のあいだで、地域づくりの像や目標が共有される必要がある。たとえば、静かな住宅街を望む所有者にたいして商売でにぎわう地域像を示したところで、所有者はけっして協力しないだろう。

　地域づくりの目標の共有化という点にかんして、城下町地区の状況はどうであろうか。既存の地域づくりの担い手である地元の自営業主たちは、同地区の住民であり、土地建物の所有者でもある。彼らの協力なくして地域づくりの進展は望めない。しかしながらこれまで、商工会や商店街連合会と町屋研・ノオト・プラグとの協働はほとんどなされてこなかった[32]。だが、2014年3月に開催された町屋研のシンポジウムでは、町屋研の今後の活動方針のひとつに、城下町地区の既存団体との連携があげられていた。一方、地元の自営業主たちにも、商店街の街灯を華やかなすずらん灯から町並みに合わせた街灯に変えるなど、古い町屋や町並みを活かしていこうとする意識が見受けられる[33]し、商店街連合会も町屋研やノオトたちとの連携を期待している（篠山商店街連合会：2012年3月26日）。このように、既存の地域づくりの主体と新しい地域づくりの主体のあいだにおいて、目標の共有化への契機を見出すことができるのである。

　城下町地区の地域づくりを進めるためには、まずは既存の地域づくりの担い手と新しい地域づくりの担い手の協働を実現していくことが課題だといえよう。それは、地域づくりを担う主体間で地域づくりの目標を共有しあうことを意味する。またそれは、先に述べた、家を提供することの社会的意義——地域の再生という公共的な問題への寄与の感覚と喜び——にもつながるものである。

第5章　町屋活用と地域づくり――城下町地区の取り組みから

【注】
1　本章では、城下町を形成していた地区を「城下町地区」と呼ぶことにする。範域は現在の篠山小学校区におおむね相当する。具体的には、東新町、西新町、南新町、北新町、乾新町、山内町、河原町、小川町、立町、呉服町、二階町、魚屋町、西町の13町をさす。
2　涌田はこれ以外に、古民家再生の全国的なNPO組織の成立、メディアでのとりあげも町屋・古民家再生の活発化に影響を及ぼしていると述べている。
3　香川県高松市の丸亀商店街、大阪市中央区の空堀商店街も成功例として知られている。
4　本章で使用するデータは、2011年3月～2013年1月に実施したインタビュー調査にもとづくが、補足的に2001年12月～2005年2月にかけて実施した調査データも使用した。2011年の調査は「瀬戸内・中国山地の農林漁業地域に住まう女性・若者・高齢者の生活に関する経験的研究」（平成19年度～平成21年度科学研究費補助金基盤研究(B)、研究代表者：藤井和佐）の、2001年～2004年の調査は「都市のユニバーサリズム、ナショナリズム、ローカリズム――都市の本質的なりたちに関する基盤的研究」（平成13年度～平成16年度科学研究費補助金基盤研究(A)、研究代表者：浅野慎一）の一環としておこなわれた。
5　篠山市商工会では、空き店舗の所有者に「サプライヤー」として登録してもらう一方、借り手である「チャレンジャー」を常時募集している。2012年3月現在、サプライヤーの登録数は10件程度、チャレンジャーの登録数は20件程度である。1997年度から2011年度までの成立件数は計46件、そのうち退店・廃業したものが21件となっている（篠山市商工会提供資料による）。
6　TMOの推進団体である「株式会社まちづくり篠山」は、資本金2,000万円（400株）のうち、篠山市が200株、篠山市篠山商工会が2株、同商工会員（92名）が122株、篠山観光協会が2株、一般市民（30名）が38株分を出資して設立された。株主構成からもわかるように、株式会社の役員には城下町地区の自営業主たちが名を連ねている。
7　注23参照。
8　もちろんこの間にも篠山商店街連合会では、販売促進イベントの企画や情報誌の発行など、商店街活性化のためのたゆまぬ努力をおこなってきた。
9　1988（昭和63）年の北摂・丹波の祭典ホロンピア88の前後から観光

客数が大きく増加した。その要因として、京阪神へのアクセスの向上にくわえ、ホロンピアのプレイベントとして始まった「丹波篠山味まつり」をとおして黒豆枝豆が全国的に有名になるなど、農産品を主軸とした観光に注力したことなどが考えられる。
10　NPO法人たんばぐみは、兵庫県の地域づくり構想「丹波の夢ビジョン『みんなで丹波の森』」を推進するため設立された。設立の経緯から兵庫県とのつながりが強い。丹波市と篠山市がおもな活動拠点だが、丹波古民家再生プロジェクトが始まるまで、城下町地区とのかかわりはなかったという（たんばぐみ：2012年9月6日）。
11　また古い町屋は、家屋の構造が現代の生活スタイルに合わない、設備や建具が老朽化している、耐震性が低いなどの理由から不動産価値が低く、不動産業者にとっては仲介しても仲介手数料が少ない。そのため、不動産市場に乗りにくく、取り壊されて土地として取引される傾向にあるという（稲葉　2013）。
12　A氏・B氏のほか、建築士、公益財団法人の研究員、まちづくりコンサルタントの3人がプロジェクトの当初のメンバーである。このうち、A氏と建築士以外のメンバーは、後のNPO法人町なみ屋なみ研究所の活動には直接かかわっていない。
13　約3年を費やして市民ファンドの仕組みをつくったが、出資者はメンバーとその知り合いのあいだにしか広がらなかった。集めた資金はプロジェクトにかかわる材料費の一部に充当した程度で、ファンドとしてはほとんど機能しなかったという（たんばぐみ：2012年9月6日）。
14　改修工事にはのべ70回、約700人のボランティアが参加した。この工事をとおしてボランティアを主体にした場合、町屋の改修費用は通常の3分の1に納まることがわかった（関西大学環境都市工学部　2008）。
15　プロジェクトのメンバーである建築士が篠山まちなみ保存会（コラム8）の登録建築士であり、同地区の住民たちと接点をもっていることも大きいと思われる。
16　「丹波古民家再生プロジェクト」がおこなった古民家の改修作業については、NPO法人たんばぐみ「丹波古民家再生プロジェクト」のホームページ（http://www.tambagumi.com/user/bureau/school/kominka/index.htm）、NPO法人町なみ屋なみ研究所のブログ（http://blog.livedoor.jp/tambakominka/）に紹介されている。町なみ屋なみ研究所の最近の活動については、http://machiyaken.blog13.fc2.com/ を参照のこと。
17　A氏は北摂里山博物館の設立にかかわり、里山の地域資源の発掘、里山めぐりの構想、イベントの企画などを担当した経験をもつ。こうした

第5章 町屋活用と地域づくり——城下町地区の取り組みから

　　経験が、空き町屋を利用したイベントやまち歩きマップといった発想に活かされていると考えられる。
18　プラグとともにマルシェの会場となっている上河原町・下河原町の自治会、下河原町商店会が「ササヤマルシェ実行委員会」をつくってマルシェを開催しているが、企画や出店者の募集など中核的な作業はプラグがおこなっている。
19　篠山商店街連合会に加入する中心市街地の商店主300人を対象に実施したアンケート調査（回収率30％）によると、「土地建物とも自己所有」が82.2％、「店と同じ場所に居住」が71.1％、「経営年数が30年以上」が80.0％であった（篠山市中心市街地活性化協議会　2011）。
20　4軒目を扱っている途中で、「丹波古民家再生プロジェクト」はたんばぐみから独立して「NPO法人町なみ屋なみ研究所」を設立した。たんばぐみの中の一部局だと意思決定に時間がかかる、これまでの活動で知名度も上がったなどの理由から独立することになったという（たんばぐみ：2012年9月6日）。
21　所有者との交渉には、地元の自治会長もA氏とととともに働きかけをおこなった。
22　貸してくれる町屋があったとしても、現状のままでは使用できないものが大半で、借りる側が建物を改修しなければならないという（C氏：2011年5月7日）。
23　1999年の合併以降、篠山市は合併特例債を活用して公共事業をつづけた結果、毎年15億円以上の赤字を出すことになり、行財政改革が喫緊の課題であった。市の第三セクターである「まちづくり篠山（TMO）」「クリエイト篠山」「プロビスささやま」のうち、収益の見込める事業を「アクト篠山」が、文化関連事業を「ノオト」が引き継いだ。こうした経緯から、ノオト設立時の基金2,000万円は全額篠山市が拠出している。その後、民間の資金に移行中である。
24　城下町地区のほか、丸山、福住、後川、日置で空き古民家を利用した事業を展開している。
25　定期借地権とは、当初結ばれた契約期間で借地関係が終了し、その後は契約更新ができない制度のことである。従来の借地権では契約終了後も借地が認められたり、建物の買取り請求が認められるなど借主に有利だった点が、定期借地権では改められている。
26　ここで紹介したスキームはあくまで基本的なものであり、実際はケースごとに異なっている。
27　チャレンジショップの2軒は先述した基本スキームにより運営されて

いるが、雑貨店とグループの拠点施設は、改修済の町屋をノオトが借りて転貸している。なお、グループの拠点施設は、プロジェクトによって修復作業がなされた2軒目の建物である。

28　ボランティアによる古民家の改修作業はその後も月2回のペースでつづけられ、2014年3月15日には200回目を迎えた。作業は、ボランティアにとってはプロの職人の技術を学ぶ場、田舎暮らしの情報交換の場、古民家に触れる場となっている。また、ボランティアを指導する若い職人にとっては伝統的な木造建築の技術を習得する機会になっている。

29　A氏は兵庫県洲本市でも篠山と同様の試みをおこなっている。2012年4月に「城下町洲本レトロなまち歩き」イベントを開催したところ、5店舗が洲本で店を開くことになったという。こうしたことから、他地域から事業者を募って開かれるイベントは、地方都市の地域づくりにとって有効的なツールなのかもしれない。

30　たとえば、矢部は「黒壁」について、公的資本が入っている第三セクターの信用と、地元の優良企業の経営者たちが経営しているという安心感がある点を指摘している（矢部　2006：97）。

31　筆者がこのように考えるのは、集落丸山（コラム9）でのインタビューの際、無償で家を提供した元住民が「村のために活用してくれてよかった」と語っていたという話を聞き、こうした「喜び」の感情が大切ではないかと感じたからである。

32　新たな中心市街地活性化基本計画の策定に向けて中心市街地活性化協議会が設けられ、町屋研、ノオト、プラグ、商工会の連携が試みられたこともあった。だが、篠山市との調整の難航、基本計画にたいする国の認識とのズレなどから、この中心市街地活性化基本計画は実現にいたらず、協議会の活動も事実上、終息してしまった。

33　昭和30年代をコンセプトにした「昭和縁日」（西町：2005年より毎年開催）、町屋をアートの展示場にした「まちなみアートフェスティバル」（河原町：2008年よりほぼ毎年開催）というイベントは、地元の自営業主の発案で始まったものである。このように、地元の自営業主のなかには、古い町屋や町並みを地域づくりに活かしていこうという志向をもつ者も少なくない。

第 5 章 町屋活用と地域づくり――城下町地区の取り組みから

【参考文献】

藤本秀一, 2012, 「空き家の再生・活用を通じた地域運営の例」『オペレーションズ・リサーチ』2012 年 3 月号, 138-143.

稲葉良夫, 2013, 「空き家の維持管理・活用・除却による地域の維持・再生」鈴木浩・山口幹幸・川崎直宏・中川智之編『地域再生――人口減少時代の地域まちづくり』日本評論社.

関西大学環境都市工学部, 2008, 「平成 20 年度現代的教育ニーズ取組支援プログラム「農山村集落との交流型定住による故郷づくり」第 7 回「丹波を知る」「地域再生」公開講座（2008 年 5 月 31 日）概要」（http://www.kansai-u.ac.jp/Fc_env/2007gendaigp/index.html, 最終アクセス 2012 年 12 月 19 日).

野田浩資, 2006, 「伝統の消費――京都市における町家保全と都市再生をめぐって」『環境社会学研究』12, 57-70.

NPO 法人町なみ屋なみ研究所, 2010, 『篠山市篠山重要伝統的建造物群保存地区建造物指南書』.

西郷真理子, 1996, 「『黒壁』――まちづくり会社としての成功と課題」『地域開発』382, 36-46.

西郷真理子, 1999, 「町づくり会社とは何か」『地域開発』420, 22-26.

篠山市中心市街地活性化協議会, 2011, 『篠山市中心商店街再生計画（案）』.

篠山市まちづくり部丹波篠山黒まめ課, 2009, 『篠山観光まちづくり戦略――光り輝く「ふるさと日本一」の丹波篠山を目指して』.

柴田和子, 2006, 「『よそもの』が行うまちづくりと地域住民」『国際社会文化研究所紀要』8, 5-17.

矢部拓也, 2006, 「地域経済とまちおこし」岩崎信彦・矢澤澄子・玉野和志・三本松正之編『地域社会学講座 3　地域社会の政策とガバナンス』東信堂.

矢部拓也, 2010, 「何が再生されたのか？――エリアマネジメントからみた、北川フラム氏の芸術による中山間村再生と長浜・高松・ヤングスタウンでの地域再生の比較」『地域社会学年報第 22 集』, 63-82.

矢部拓也, 2011, 「まちづくり会社と中心市街地の活性化――長浜・高松・熊本」西山八重子編『分断社会と都市ガバナンス』日本経済評論社.

涌田幸宏, 2009, 「組織フィールドの形成と意味ネットワークの焦点化――古民家再生イノベーションを例として」『日本情報経営学会誌』30-1, 77-87.

コラム8
重要伝統的建造物群保存地区

　篠山市には、国の重要伝統的建造物群保存地区（重伝建地区）が2か所ある。ひとつは篠山城跡を中心とした篠山重伝建地区であり、もうひとつは市の東部、京都府との境に位置する福住重伝建地区である。ひとつの自治体に重伝建地区が2つあるのは全国的にみても珍しい。

　篠山重伝建地区には、近世から近代にかけて建てられた寺院や武家屋敷、町屋がよく残されており、城郭の石垣、濠、馬出、竹林、屈折した道路などとともに城下町としてのまとまりを感じさせてくれる。とくに河原町の妻入商家群は、その規模・密度において稀有であるという（篠山教育委員会　2004）。

　一方、福住重伝建地区は篠山と京都を結ぶ旧西京街道沿いにあり、周囲には田園風景が広がる。妻入商家が並ぶ宿場町から街道を東に向かって進んでいくと、農家の風景があらわれる。このように、宿場町と農村集落という性格の異なる景観が街道沿いに連続するところに福住の魅力がある。

　ところで、重伝建地区に選定されるためには、まずはその地域の住民の理解・同意を得たうえで市町村が当該地域を伝統的建造物群保存地区（伝建地区）に指定する必要がある。その後、市町村からの申し出を受けて国が重伝建地区として選定する。つまり、伝建／重伝建地区に指定・選定されるには、地域住民が地域の歴史的景観の価値を認め、地域の財産として景観を保存しようとする、住民たちの「保存の意志」がなにより

篠山重伝建地区
（撮影　武田祐佳）

も重要になってくるのである。それゆえ、伝建／重伝建地区にいたるまでに長い期間を要することも少なくない。

城下町一帯では、1970年代半ばに伝建地区指定に向けての話し合いがもたれたが、住民間での共通理解と合意形成が進まず、結局、見送られてしまう（篠山教育委員会

福住重伝建地区
（撮影　武田祐佳）

2004）。その後、1999（平成11）年ごろより再び伝建地区指定に向けての話し合いがなされ、2004（平成16）年に重伝建地区に選定された。この間、30年近い期間を要したわけである。

重伝建地区に選定されたことを契機に同地区の住民により結成された篠山まちなみ保存会は、2004年の発足以来、月1回の定例役員会を欠かすことなく開催しており、保存修理事業の候補物件の選定や審査、保存地区内の景観整備についての検討、専門家を招いての建築勉強会やまちづくり勉強会などをおこなっている。私たちを魅了する歴史的景観は、こうした地域住民たちの保存への努力により維持されているのである。

【参考文献】

篠山市教育委員会，2004，『篠山市篠山伝統的建造物群保存対策調査報告書』．

篠山市教育委員会，2009，『篠山市篠山重要伝統的建造物群保存地区町並み保存修理記録4』．

篠山市教育委員会，2009，「篠山市福住地区の町並み保存」パンフレット．

武田祐佳，2008，「歴史的町並み保存と地域づくり——篠山伝統的建造物群保存地区の場合」浅野慎一・岩崎信彦・西村雄郎編『京阪神都市圏の重層的なりたち』昭和堂，460-475．

（武田祐佳）

コラム9

「集落丸山」

　第5章で触れたように、ノオトは現在、篠山市内において空き家を再生・活用した事業を展開しているが、こうした活動の出発点になったのが「集落丸山」である。

　丸山は、篠山市中心部から車で約7分の多紀連山のふもとに位置し、細い谷筋に築150年の茅葺民家が広がる。集落にある12戸のうち7戸が空き家であり、残る5戸に19人が暮らしている（2012年9月調査時）。

　2007（平成19）年、集落内の1戸が兵庫県の古民家助成制度を利用したことで、県の関係者のあいだで丸山が注目されるようになった。その後、集落住民、市職員、建築・景観の専門家などが参加して、丸山の集落景観を活かし、空き家を再生・活用しようとする試み「丸山プロジェクト」が始動することになったのである。

　数度にわたるワークショップや学習会をとおして、「集落の暮らしを体験する空間とする」「古民家の再生により滞在施設を整備する」「農業体験や文化体験を持続的に展開する」といった方向性が確認され、2009（平成21）年10月、利用許可が得られた3戸の空き家を改修して「集落丸山」がオープンした[注]。

丸山の集落
（撮影　武田祐佳）

　宿の運営は、空き家の所有者と集落の全世帯主により設立されたNPO法人集落丸山とノオトが有限責任事業組合（LLP）を結成し、事業期間10年でおこなっている。空き家の所有者はLLPに10年間無償で家を提供し、NPO

が家の管理、予約受付、接客など農泊事業の実質的な部分を担う。一方ノオトは、事業資金の調達、専門家の派遣、イベントの企画といった形でNPOを側面から支える。つまり、集落はモノと労働力を提供し、ノオトは集落と外部の機関・専門家をつなぐ役割を果たしているわけである。

古民家を再生した宿の内部
（撮影　武田祐佳）

　宿が開業したことで、集落内に新たな雇用が生みだされた。調査時において、集落在住・出身の女性8人が有給スタッフ（うち常勤1人）として働き、男性は休日にボランティアとして宿の運営を手伝うなど、地域の人たちが地域に貢献して働くスタイルが定着しつつある。また、宿の運営をとおして住民同士が話を交わす機会も増えたという。

　近年、空き家の増加による地域活力の低下が懸念されているが、丸山の取り組みは、地域の共同資源として空き家を維持・管理するひとつのモデルを示すとともに、空き家の活用が地域内の雇用を生みだし、地域再生への道筋を開く可能性を示しているといえるだろう。

【注】

　3戸のうち1戸は、所有者が丸山に戻って住むことになったため、現在は2戸が宿として利用されている。

【参考文献】

足利亮太郎，2010，「古民家が残る景観を活用した交流事業——兵庫県篠山市丸山地区」『地域開発』548，20-25．

藤本秀一，2012，「空き家の再生・活用を通じた地域運営の例」『オペレーションズ・リサーチ』2012年3月号，138-143．

（武田祐佳）

三の丸広場での
丹波篠山さくらまつり

第6章 地方都市に住むという選択
——若者から見た篠山の魅力

山本素世・杉本久未子

道路整備が進む篠山駅周辺

1. 地方都市と若者

1.1 若者の地方志向

　少子高齢化と若年人口の減少が進み、日本全体としても人口減少がみられる縮小社会が現実のものとなってきた。地域間競争が激化するなかで地方都市では、その社会を持続させるという意味からも若者の定住促進が重要な課題となっている。篠山市が市職員のプロジェクトとして「ふるさと篠山に住もう帰ろう運動」を2007（平成19）年に立ち上げ、定住促進に向けてさまざまな取り組みを進めているのも、このような社会状況を反映しているものである。

　多くの若者が進学や就職を契機に都市に移住する傾向はずっと継続している。さらに都会に移住した親世代の子どもたちが都市で成長し、そこで進学・就職していくことも一般化した。そうしたなかで、地方都市の若者の地元志向や都市部の若者の田舎志向への研究関心も強まっている。

　若者の地方での定住やいわゆるU・Iターンに関する研究蓄積も増加している。1990年代には、Uターンを家志向型、都会否定型、地元志向型に分け移住の要因を①仕事に関する要因、②人間関係に関する要因、③生活・環境に関する要因に分けた蘭（1994）をはじめ、積極的定住者と消極的定住者の地域への満足度の違いが跡継ぎとしての自覚やプライドと連動しているとする石原（1998）、京都・奈良の大学生の意識調査をもとに地方的ライフスタイルを抽出し地方志向の若者は平等志向が強く、経済成長や開発を好む産業主義的な志向性が強くないことなど、独特の価値意識があることを示した中山（1998）など人びとの移住が就業機会を含みながらも多様な社会的関係や価値観の産物であることが明らかになっている。その後2000年以降になると、若者の地元志向が着目されるようになり、画一的な消費文化のな

第6章　地方都市に住むという選択——若者から見た篠山の魅力

かで地元に人間関係の理想を求める若者の意識に注目する土井（2010）や、ほどほどに楽しめる地方都市の若者が実は親と離れては生きていけない経済的状況にあることを指摘する阿部（2013，2014）など新たな若者論を背景にした立論がおこなわれるようになってきた。また、山本（2013）は人口減少時代において過疎地での生活人口論的過疎研究の重要性を説き、定住層と流入層の生活意識や生活構造の分析をおこなっている。

　これらの研究は、都市と地方という大きな枠組みを前提としながら、U・Iターンの対象となる地域の特性を加味しながらその要因を分析しているものである。このアプローチを基本としながらも篠山市を念頭において若者の居住を検討する場合、さらにその地域の固有性を考慮する必要が出てくる。近代産業社会に馴染まないオルタナティブな価値を求める若者や、ほどほどの利便性にアイロニカルに充足する若者という視点だけではとらえきれない、定住をめぐる地域に根差す物語が篠山市には存在すると考えられるからである。篠山市には「無印都市」（近森　2013）ということばが示すような画一的な多様性が充満する地方都市とは異なる、地域の自然と歴史に根差した個性的な文化が存在する。地方志向に内在する象徴的・文化的な側面を探ることも本章では重視した。

　若者が一定の地域で生活していく、つまりそこで結婚し子育てをしていくためには、さまざまな生活資源が必要なことはいうまでもない。先行研究をもとにその要因をあらためて抽出すると、就業機会などの「生計・経済的要因」、ほどほどの便利さに示されるような「暮らし・利便性要因」、家業継承や家族・友人などの「人間関係・社会関係要因」が重要であることが確認される。それとともに若者のアイデンティティが希薄化するなかで、居住地にアイデンティティを見い出す「象徴的・歴史文化的要因」が重要となっている。基礎的な生活ニーズか

らはじまって、社会関係資本や文化的・象徴的価値までそれらの絶妙のバランスのなかで、若者の一定地域への定住が成立しているといえるであろう。本章では、篠山市に住んでいる若者へのインタビューをもとに、篠山に住む若者たちの特性や価値観とその居住を成りたたせている4つの要因の相互関係を探ることにしたい。

1.2 定住を基礎づけるもの

若者がなぜある地域に居住するかを考えると、前述したように「生計・経済的要因」、「暮らし・利便性要因」、「人間関係・社会関係要因」、「象徴的・歴史文化的要因」の4つがその基礎にある。

「生計・経済的要因」とは生活を支える経済的基盤の存在であり、かつては農業や自営業など親から継承しうる経済的基盤の存在が大きな意味を持った。そして親からの経済的基盤にかかわる資源を持たない場合には、企業等の就業機会の存在が重要となる。戦後の高度経済成長期に多くの若者が都会に流入したのは、この要因が根底にあった。現在においても、就労機会の不足が若者の地方での定住を困難としている。しかも高学歴化によって専門的教育を受けた若者にとっては、単なる就業機会ではなく自分にふさわしい仕事の存在が必要となる。

「暮らし・利便性要因」は、福祉・医療や教育から買い物や余暇活動まで、生活にかかわる多様なサービスを享受しうるか、どのようなレベルのものを享受できるかという要因である。若者の場合はショッピングや余暇活動、出産にかかわる医療サービスや保育・教育サービスなどの可能性とその質が、定住を基礎づける重要な要件となる。少子化にともない地方の病院における産科医の不在が若者の流出をうながすことは、篠山市に隣接する丹波市において社会問題化したことであった。他方、自動車交通を背景としてショッピングや余暇活動にかかわる生活圏が拡大し、この要因の重要性を相対的に低下させている

第6章　地方都市に住むという選択——若者から見た篠山の魅力

面も見られる。

「人間関係・社会関係要因」は、家族や親族、友人関係など人的ネットワークと社会関係資本がもたらすものである。一定地域に集住するこれらの人びとの存在が、子育ての支援や働き口の紹介など生活サービスを補完するものとして機能したり、スポーツや趣味の活動を通じて人生の道づれとして内面的な充実感を高めたりすることが予想される。最近話題を集めているマイルド・ヤンキーと呼ばれる若者たちも、このような人間関係要因の存在が大きく影響している。

「象徴的・歴史文化的要因」は、自己のアイデンティティとかかわり、居住地への愛着を生みだすものである。かつては都市が若者を惹きつける象徴的・文化的要因を独占していた。しかし、地方にも独特の歴史や文化、地域イメージが存在していることが確認されるようになっている。地方都市や農山村について、その地域固有の祭礼や伝統行事、民俗が注目される現在では、この要因が大きな意味を持つと考えられる。そして、このような地域固有の歴史・文化に誇りを持つ若者が増加している背景には、それを意味あるものとする他者のまなざしが存在していることも重要である。

もちろん、この４つの要因はそれぞれが独立に存在するのではなく、総合的に居住地選択を規定する。そして、選択する個人の４つの要因に関するウエイトのかけ方、それぞれの要因にたいする評価軸のあり方が、選択に影響をおよぼすであろう。現在、篠山に居住する若者は、移動と定住という基準から分類すると、篠山に住みつづける若者、篠山にＵターンした若者、篠山にＩターンした若者という３つのタイプに大別できる。このタイプ分類を基準にしながら、それぞれの若者が篠山に現在居住している要因を探ることは、先達たちが築いてきた地域社会を若者がどう評価しているかを通じて篠山市の魅力を探ることにつながっている。

2. 篠山市の若者の現状と定住促進策

2010（平成22）年の国勢調査によると、篠山市の20〜34歳の人口は男性2,990人、女性3,107人の合計6,097人で、篠山市全体の人口の16.7％を占めている。

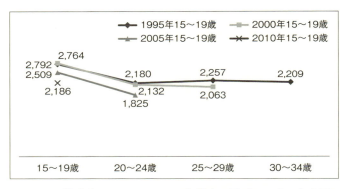

図6-1　篠山市における15〜19歳人口及びコーホート人口

1995（平成7）年から2010（平成22）年までの15〜19歳人口とそのコーホート人口を図6-1に示した。それによると、篠山市の15〜19歳人口は、20〜24歳という大学進学と進学後就職時に7割台に減少し、それ以降もあまり回復しないことが確認できる。また、進学・就職時の減少率が年を追うごとに増大していること、15〜19歳人口そのものが2000（平成12）年国勢調査の2,792人をピークに減少していることなどから、若者の定住が篠山市の重要な課題となっていることも納得できる。

篠山市では政策部企画課に「篠山に住もう帰ろう室」を2011（平成23）年に設置し、ＩターンやＵターンを誘導する取り組みを進めてきた。同室が2013（平成25）年に作成したパンフレットは、山間に由

第6章　地方都市に住むという選択——若者から見た篠山の魅力

緒ある建築景観が広がる丸山集落を表紙に選び、農都篠山の歴史文化を紹介する。移住の先輩として、篠山の風景や景観に魅了されて住みついたシステムエンジニアやレストラン経営者という若年の家族が写真付きで紹介されており、特別な田舎としての篠山の魅力がアピールされていることは間違いない。これらは1節で述べた定住を基礎づける要因に関連していえば、「象徴的・歴史文化的要因」を強く訴えるものであることをまず確認しておきたい。それと同時に、「生計・経済的要因」に関しては、地元ハローワークの紹介と市内で起業するものへの開業経費の支援が述べられ、「暮らし・利便性要因」に関しては子育て環境のすばらしさをアピールするとともに、市内4か所での子育てふれあいセンターの開設が示されている。また、「人間関係・社会関係要因」に関しては、都会とは異なる濃密な人間関係＝ともに助け合う人間関係が季節ごとの祭事や共同作業と表裏の関係にあり、篠山に住む魅力を構成していることを示している。篠山市が重点を置いているのは、人口減少と高齢化の著しい東部の地域である。これらの定住促進重点地域では、「経済的要因」や「利便性要因」を補強する、住宅補助や子育て応援補助など、若者の定住を後押しする施策が掲載されており、若者の定住促進が東部地域の重要課題になっていることを示している。

3. 若者の暮らしと意識——インタビュー結果から

3.1　調査対象者と対象者のタイプ分類

　4章に述べているように、かつて篠山には「離郷エリート」と「地域エリート」という出身地と異なったかかわりをもつエリートが存在し、その連携が地域形成に大きな役割を果たしていた。今回実施した自治会長インタビュー結果からもその傾向を読みとることができる（3章）。

若者調査では、若者がなぜ篠山市を選択するかを地域とのかかわりを含めて明らかにすることにしている。

　ところで地方都市においても多くの若者は市外に通学・通勤しており、青年団など若者が帰属する地域組織がない現代社会においては、インタビュー対象者そのものを見出すことが困難である。そこで、まず篠山市の職員にお願いして知り合いの若者を紹介していただき、さらにインタビューを行った若者から知り合いを紹介していただくという雪だるま方式によって対象者を見出していった。最終的には15人からお話を聞くことができたが、公務員から始まる雪だるま方式ということで、対象者に一定の偏りが生じていることをまずおことわりしておきたい。

　調査は、2008（平成20）年から2010（平成22）年にかけて女性を対象者として実施し、2012（平成24）年6月に男性を中心に追加調査をおこなっている。少子化との関連で地方都市における女性の重要性に着目したためである。インタビューを実施したのは最終的に男性5名、女性10名となった。全体の年齢は20代が12名、30代が3名で、うち男性は20代が4名、30代が1名であった。また、未婚者が13名、既婚者は女性のうち2名であり、子どもがいる人はいなかった。Iターン者は男性1名、女性3名であった。

　おもな調査項目は、①対象者の属性、②篠山での居住歴、③進路選択（進学時および就職時）とその理由、④篠山の暮らしに関する評価、⑤家族・友人関係　⑥篠山の魅力と愛着の持てる範囲（ふるさと意識）で、1節で設定した定住を基礎づける要因に対応したものとなっている。

　居住地にたいする人びとの意識は、居住期間や他出経験によって変化する。本研究では、進学と就職では他出の意味づけが異なると考え、表6-1の4タイプに分類して考察する。各タイプとその人数は以下

のとおりである。

A：ずっと篠山　5名
　進学や就職をしても、篠山市から通勤通学した結果、別の地域に住むことがなくずっと篠山市に住んでいる人たちである。
B：卒業後Uターン　3名
　進学で篠山市以外に住んでいたが、卒業後に篠山市にUターンして住んでいる人たちである。
C：就職後Uターン　3名
　進学で篠山市以外に住み、就職後もしばらく篠山市以外で住んでいたが、Uターンして現在は篠山市に住んでいる人たちである。
D：Iターン　4名
　もともと篠山市の出身ではなかったが、Iターンして篠山市に住むようになった人たちである。

表6-1　インタビュー対象者の属性

タイプ	性別	年齢	学歴	職業	職場	出身地区
A	女	20代	大卒	公務員	市内	篠山
	女	20代	大卒	民間企業	市外	今田
	女	20代	大卒	民間企業	市外	丹南
	女	20代	専門学校卒	団体職員	市内	篠山
	男	20代	専門学校卒	団体職員	市内	城東
B	女	20代	大卒	教員	市内	城東
	女	20代	大卒	民間企業	市外	西紀
	男	20代	大卒	公務員	市外	西紀
C	女	20代	大卒	民間企業	市外	丹南
	男	20代	大卒	公務員	市内	城東
	男	20代	大卒	公務員	市内	篠山
D	女	20代	高卒	公務員	市内	県外
	女	30代	大卒	団体職員	市内	県外
	女	30代	専門学校卒	自営業	市内	県内
	男	30代	大卒	団体職員	市内	県内

表6-1では、タイプごとの対象者の属性を示したが、職業と職場、出身地区とのあいだにいくつかの特徴があることがわかる。

　まず、職場と職業との関係をみると民間企業はすべて市外に職場があり、若者が働く企業が市内に少ないことがうかがえる。また、市外に職場を持っている人の出身地区は、今田、丹南、西紀など市の西部が多いということである。通勤がしやすい地域であることが市外に職場を持つひとつの条件であることがわかる。

　以下では、この4つのタイプについて、現在篠山に居住するうえで前述の4つの要因がどのようにかかわっているかを彼らの語りをもとに明らかにしていきたい。

3.2　篠山に住みつづけた若者——都市の郊外としての篠山

　篠山市の自宅から大学に通学し、就職後も自宅から通勤している若者たち。この選択がなされたのは、篠山市と京阪神都市圏の交通条件と下宿等にかかわる経済条件が関係している。

　篠山市は、JR福知山線の新快速を利用すると大阪まで1時間程度で行ける通学・通勤圏となっている。JR篠山口駅近隣の住吉台をはじめとする住宅地はもちろん、やや周辺でも駅まで車やバスを利用して篠山口に来て、JRを利用して通学・通勤している人も多い。高校を卒業して篠山市外の大学に進学しても通学時間が1時間から2時間の場合、下宿することにかかる費用と通学費用を比較して一人ぐらしするよりも通学する選択もされるのである。

(生計・経済的要因)

　ある女性は、「篠山市外にある大学に進学したが家から通えるところであったため、通学する選択をした。卒業後に篠山市の公務員になり、そのまま篠山に住みつづけることになった」と語った。同様に別

第 6 章　地方都市に住むという選択——若者から見た篠山の魅力

の女性も、「篠山を出て一人ぐらしをしたかったが、経済的に無理だったので、2 時間近くかけて自宅から大学に通うことになった。卒業後就職した民間企業は宝塚沿線であったので、大学より近くなり自宅から通勤している」と話している。男性にも「進学先の学校には自宅から通った。専門性のある職業を希望していたので、篠山市で就職を考えずに関西圏で探していたところに、チルドレンミュージアムで専門性を生かせる仕事の募集があり、篠山に住むことになった」と語る人がいた。彼らは、積極的に篠山に住みつづける選択をしたというよりは、篠山市内、あるいは通勤圏内で望ましい就業の場を確保できたことが、定住につながっているといえるだろう。これらの語りからは、篠山市に若者の専門性を活かせる一定の就業機会が存在すること、またそれがあれば定住してもいい場所として認識されていることが確認できる。

(暮らし・利便性要因)

　居住の場としての篠山市の評価をみると、篠山は車があれば近隣のショッピングモールにも行けるし、JR で大阪や神戸にも気軽に行けるので、日常の買い物に不便を感じていない。さらに、篠山市内で売っていない趣味に関する商品は、インターネットを活用して気軽に購入できる。さまざまな情報もインターネットを活用して入手できる。大学時代の友人と会うときは大阪や神戸に車や JR を利用していくので便利だし、普段の連絡はメールや携帯を使えばいい。ネット環境によって補完される利便性と、車社会の進展、公共交通機関についても阪神地域に 1 時間程度で行ける都市近郊としての利便性が彼らの篠山市での定住を支えている。

(人間関係・社会関係要因)

　「お墓をみるのを両親に頼まれていた」、「親に篠山に住んで跡を継いでほしいと言われていた」、「一番したい仕事ではなかったが親のこ

とも考えて今の仕事についた」、「自分にとっては知り合いが多くて人に馴染めるところだと思う」など、家や地域の人間関係を大切にする意識の強さが、篠山での定住の大きな要因になっていることがわかる。「通勤の際に草野あたりや篠山口の駅につくとホッとする」とのことばからも地域の中に充足する傾向を読みとることができるだろう。

（象徴的・歴史文化的要因）

　伝統的行事や城下町という篠山市の歴史文化的な豊かさについては、「他所にない特徴でありいいところ」とする意見と、「あるのが当たり前になっているので興味がない」という意見に分かれた。「高校時代は篠山市の歴史や文化に興味がなかったが、大学生になって遊びに来た友人に篠山を案内して歴史文化がわかった。あらためて篠山をよいところだと感じた。篠山は外の人に自慢できるものがある田舎である」という語りから判断すると、継続的な居住が地域アイデンティティを低くしている面があることがわかる。

　彼らは篠山から離れなくてもよい「生計・経済的要因」を得ることで、篠山の社会関係のなかでほどほどの利便性を享受している若者たちである。大都会の魅力が低下しているなかで阿部のいう地方都市に充足していく若者たちと同様の傾向を持つ。さらには大都会に近接し、独特の文化を持つ都市であることが、「ほどほど」という地方都市の魅力にプラスアルファをもたらしているということができるだろう。

3.3　大学卒業後Uターンした若者――家の継承・家族のいる場所

　高校卒業後進学のために篠山を離れたが、就職に際して篠山市内、あるいは通勤可能な場所に職場を見つけて戻ってきた若者たちである。彼らのなかには、強い家規範や篠山への愛着を背景に最初から戻ることを前提に将来の職業を決め進学していったものもいる。自治会長で

第6章　地方都市に住むという選択——若者から見た篠山の魅力

見られたパターンを踏襲するものである。
（生計・経済的要因の背後にある人間関係・社会関係要因）
　ある女性は、「地元で仕事がしたいと教員になるため市外に進学した。家族、とくに祖母といっしょに暮らしたかったので、任地も自宅から通える丹波地域を希望した。幸い篠山市内に赴任できたので予定どおり篠山に戻り、自宅から通勤している」と語る。長男であるためいつかは家を継ぐために篠山に戻ることを考えていた男性は、「建築関係の勉強をするために市外に進学した。卒業後の就職先として自治体の建築職を探していたところ、篠山で公務員の募集があると両親から連絡があり応募を勧められた。ちょうど希望職種だったので応募して採用された」という。もうひとりの女性も「京都の大学に進学したので一人ぐらしをしていた。卒業後に就職した会社が大阪であり、家からJRを利用して通えた。長女でもあるし家のことをいろいろ考えて、自宅から通勤することにした」と語る。
　彼らが、篠山に戻ったのは篠山で定住しうる「生計・経済的要因」が充足されたからである。しかし、その背景には、家族と住む、家を継ぐという「人間関係要因」が強く作用しており、それが教員や建築職という専門的職業の選択とも結びついていると考えられる。彼らの生活は、家族だけでなく地域の人びととのつながりも深い。「自治会などの地域活動はまだ親世代がやっているので今は参加していない。しかしいずれ家を継いで自分の世代になったら地域活動はやることになる」と男性は思っている。彼は普段から家の農作業も手伝っている。
（象徴的・歴史文化的要因）
　教員をしている女性は、「子どものころの地域のお祭りが印象に残っており、今もそんなお祭りができる自分が住んでいる地域が好き。将来結婚するなら丹波地域の人や近隣自治体の人がいい。そしてできれば篠山に住みたい」と地域愛を語る。「高校時代はそれほど気にして

いなかったが、大学時代に友人に故郷である篠山を説明するときに城下町であることや伝建地区、神社のお祭りやデカンショ祭りなど自慢できるところが多いことに気づいた」、「大学時代に友人を家に招待したときに、夜が暗くて何もないので静かな夜が楽しめること、空気の美味しさが自慢できるところであると友人に勧めた」と語る。

　彼らは大学時代に都市部に住むことで外から篠山をみる視点を得て、篠山の自然や歴史文化を再評価した。もともと地域の後継者としての意識の高い彼らは、「外の人に自慢できるふるさと」を確認することで「象徴的・歴史文化的要因」を強くアピールしていると考えられる。いわば地域エリート的な心性を引き継ぎ篠山市に定住する彼らにとって都市的利便性の意味づけは弱い。彼らの「暮らし・利便性要因」に関する語りは他のタイプと同様であり、特色あるものはみられなかった。

3.4　就職後Uターン──都会と異なるペースで働ける篠山
　高校卒業後に市外の大学に進学して篠山から転出し、卒業後も都市部で就職したがその職場を退職して篠山に戻ってきた若者たち。彼らは都会の競争社会に限界を感じており、その経験から見い出す定住理由がある。
（生計・経済的要因）
　ある男性は、「関東圏でファッション関係の仕事についた。3年ほどして、同僚たちと自分の競争意識の違い、コミュニケーションのとり方の違いなどが気になり始めた。残業が多く残業代がでないこともある。長時間労働や不規則な労働がつづき、体がきつい。このような働き方をこの先つづけられるかと思っているときに篠山の公務員の募集を知り応募し採用された」と語る。別の男性も、「関西でIT関係

第6章 地方都市に住むという選択——若者から見た篠山の魅力

の仕事についたが残業が多く待遇がよくない。将来もつづけていけるか不安を感じ転職先を探していた。親から篠山市の職員の公募があるから受験するように勧められ応募・採用された」と語る。女性は、「東京でマスコミ関係の仕事を2～3年していた。仕事は好きでつづけたかったが、健康上の問題が出たため、退職して篠山に戻ってきた」という。3人とも都会での過酷な労働に限界を感じており、経済的要因を相対化する経験をしている。

（暮らし・利便性要因）

便利な都会に住んでいた彼らではあるが、「車があればどこへでも行ける」、「日用品の買い物にはとくに不便はない」、「篠山では買いまわり品が少ないが、大阪や神戸に出かけて買い物をするので、それほど不便はない」、「映画などの娯楽や学生時代の友人づき合いも、大阪や神戸に出かけている」とうまく適応している。「飲み会などは車を利用していくと、代行運転を頼むか親や兄弟に迎えを頼む」ことが問題とされる程度である。高校時代とくらべて車を利用でき、経済的にも余裕があることで篠山時間をうまく生きているといえる。

（人間関係・社会関係要因）

日常の暮らしでは、地域での活動や地元の友人との交流も多く見られる。「高校時代の部活の友人たちとのつき合いが復活しておりよく会う」「自治会の会合は親が出ているが、草刈りや清掃などの村用があるときは親といっしょに参加している。地域の体育委員をつとめ、親やJA職員の勧めで消防団に入っている」「普段は、高校時代の友人や職場の人とのつき合いが中心だが、近所の人とは顔馴染みで地域のスポーツのサークルにも参加している。自治会活動は普段は親がでているが、親の都合が悪いときは草刈りや清掃などの村用に出ている」など、地域に溶け込んだ暮らしが始まっていることがうかがえる。

(象徴的・歴史文化的要因)

　地元でくらし始めた彼らは、「神社の能舞台は印象に残っていて、今でも見に行っている」「地域のお祭では山車の担ぎ手になる」「太鼓神輿など代々の行事があり、なくなると嫌だなと思う。デカンショ祭は子ども会のときに参加していて今は見に行っている」など地域の伝統行事への愛着も強い。そこには地元の歴史文化を継承するという意欲を感じることもできる。

　家族の期待にこたえ、地元の友人と積極的にかかわり、地域の活動を担っていくことによって、地域の歴史と文化を継承していく。都会での生活に違和感や限界を感じた彼らは、ほどほどの利便性と包容力を持つ篠山市の社会の中に自分の居場所を再発見する。地域を担っていく覚悟は、新たな居場所におけるアイデンティティの構築でもある。

3.5　Iターン者──歴史と文化の豊かな篠山で働く

　豊かな自然やその地域ならではの歴史・文化への憧れが都会人を地方に向かわせる。しかし、年金等の経済基盤をもつ高齢者とは違い、若者がIターン先に定住しつづけるためには収入を得る手段が不可欠である。

(生計・経済的要因)

　夫といっしょに自営業を営んでいる女性は、「夫と店を開業しようと考えて、京都や丹波地域などを巡って候補地を探していた。篠山市は当初の候補地ではなかったが、途中で立ち寄って城下町の歴史を感じさせる雰囲気が気に入った。空気がおいしいところとも思った。ここならやりたい店にぴったりな場所だと思った。夫も同じように篠山市を気に入ったのでここで開業しようと決めた」と語る。その後、貸家相談をし、店舗の場所も決まって篠山に定住した。

第6章 地方都市に住むという選択——若者から見た篠山の魅力

　篠山市に公務員として就職した女性は、「公務員への転職を考えて勉強しながら、各地の公募状況を調べていた。篠山市で応募できる職種があり、応募した結果採用となった。篠山ファンの祖母と篠山に何度か遊びに来ていて馴染みがあった」と語る。残りの二人は、篠山市に建設された児童施設チルドレンミュージアムに専門知識のある職員として採用された若者である。男性は近隣自治体の出身で学生時代に何度か篠山市に遊びに来ており、女性は篠山のことをほとんど知らずに自分の経験や知識を生かせる仕事ということで応募している。

(象徴的・歴史文化的要因)

　仕事優先で篠山市に定住するようになった若者たちだが、篠山市でのくらしを通じてこの地域の歴史文化を評価し、愛着を強めている。篠山市に公務員として就職した女性は、「仕事で地域の人たちに会って話を聞く機会が増え、地域ごとにお祭りや伝統的行事があり地域の人たちが大切につづけていることに感銘を受けた」と語り、自営業の女性は、「お城の周辺の雰囲気が好きで散歩するのがいい。夜仕事が終わった帰り道では空気が澄んでいて星空がきれいなのが気持ちいい」と語っている。男性は、「城下町としての歴史や伝建地区などのかもし出す雰囲気が気に入っている。篠山は食べ物もよいものがありいろいろな企画や事業をするのに素材の多いところだと思う」と語っていた。さらに、「そのような素材を活用していろいろなことができるので、人間の多い都会にくらべると篠山市は自分自身が希少価値となれる場所である」と考えている。

　Iターン者であるこれらの若者は地域の人びととの人間関係や社会関係を語ることはあまりない。また暮らし・利便性についてもほとんど語られなかった。彼らは自営業にしろ就職にしろ自分のしたいことができる場所として篠山市を選んだのであり、地域の生活を通じてよ

うやく篠山の歴史文化を認識している状態にある。ただ、このような若者を引き寄せる雰囲気や職業があるということには留意する必要があるだろう。

4. 若者たちの定住要因と篠山市の魅力

　ある地域に住みつづけるには、地域内に職場があるか地域外の職場に通勤できるかどちらにしても、そこで生計をたてられることが必要である。今回お話をうかがった若者たちも、篠山市内で就職できたか自宅から通勤できたことが、篠山に住みつづける基礎的な要件となっている。民間企業が少ない地方都市での就職においては、教員や公務員が重要な職業となっており、今回の対象者も公務員が多くなっている。しかし、Ｕターンやｌターンを希望する若者にとって魅力的な職種や起業できる場が篠山市のなかで作られていることにも注目する必要があろう。その一例としてチルドレンミュージアムの存在に注目したい。チルドレンミュージアムは、自然体験やワークショップなどが体験できるミュージアムであり、2001（平成13）年の設立時に全国的に専門職の公募をおこなった。この全国規模の公募はＵターン者のみならずｌターン者を呼び込むきっかけとなり、専門職の人が働ける職場を創造したといえる。なお、この仕事をきっかけに篠山にｌターンして来た人たちは、状況が変わっても篠山に住みつづけている。

　今回のインタビューから若者たちの居住歴の違いが篠山市に居住する要因間のウエイトに差異をもたらしていること、さらには若者が感じる篠山市の魅力にバリエーションをもたらしていることが確認できた。

　ずっと篠山に住みつづけている若者は、自宅から職場や学校に通勤通学できたので結果として篠山での居住を継続しえた。この背景には

第 6 章　地方都市に住むという選択——若者から見た篠山の魅力

京阪神都市圏の通勤圏内という篠山市の地理的条件があるとともに、下宿と比較した経済的条件も影響している。彼らは都会と自然豊かな地元との往復のなかでほどほどの利便性をもつブランド地方都市の生活に自足する。

　卒業後Uターンした若者は、仕事が見つかったというのが直接的なきっかけであっても家族と住みたい、家を継ぐことを期待されているなど伝統的な人間関係的要因が背景にある。彼らのなかには、強い家規範や篠山への愛着を背景に最初から戻ることを前提に将来の職業を決め進学していったものもいる。さらに大学時代に都市部に住むことで外から篠山をみる視点を得て篠山の自然や歴史文化を再評価した。「外の人に自慢できるふるさと」を確認する彼らには、かつての地域エリートの心性を見出すことができる。

　就職後Uターンした若者は、都会の競争社会に限界を感じており、経済的要因を相対化する経験を持つ。家族からの情報もあって地元で再就職を果たした彼らは、家族の期待にこたえ、地元の友人と積極的にかかわり、地域の活動を担っていくことによって、地域の歴史と文化を継承していこうとしている。彼らはほどほどの利便性と包容力を持つ篠山市の社会の中に自分の居場所を再発見した人たちである。

　Iターンをした若者は、自営業にしろ就職にしろ、自分のしたいことができる場所として篠山市を選んだ。彼らは篠山での生活を通じて地域の歴史文化への理解を深め、地域での人間関係を構築しつつある。そのなかで、外からの視点を持つという自分の特性を認識しつつある。このような若者を引き寄せうる雰囲気や職業があるという篠山の魅力にも注目する必要がある。

　以上、若者たちの篠山市での定住要因をみると、居住地に若者が求めるものが過去に回帰しているように思われる。生計・経済的要因を

一定程度確保されるなら、家族や友人のいる、独特の歴史文化を持つ篠山市でその地域を継承していきたいという意識である。そこは、自分の存在が認められる、自分がその社会の構成員となる居場所である。篠山市は、若者たちがそこを居場所として地域を継承させていきたい、外からの自分の視点で新たな地域文化を構築したい、そういう欲望を生みだす魅力を持った地方都市であると言えるだろう。

【参考文献】

阿部真大，2013，『地方にこもる若者たち――都会と田舎の間に出現した新しい社会』朝日新書．

阿部真大，2014，「若者にとっての『地元』」『都市問題』第105巻8号，23-27．

蘭信三，1994，「都市移住者の人口還流――帰村と人口Uターン」松本通晴・丸木恵祐編『都市移住の社会学』世界思想社，165-198．

土井隆義，2010，「地方の空洞化と若者の地元志向――フラット化する日常空間のアイロニー」筑波大学社会学研究室『社会学ジャーナル』第35号，97-108．

石原多賀子，1988，「定住志向の諸類型と生活観」橋本和幸編『「定住」の社会学的研究』多賀出版．

中山ちなみ，1998，「若者の地域移動と居住志向――生活意識に関する計量分析」『京都社会学年報』第6号，81-112．

近森高明，2013，「無印都市とは何か」近森高明・工藤保則編『無印都市の社会学――どこにでもある日常空間をフィールドワークする』法律文化社，2-21．

山本努，2013，『人口還流（Uターン）と過疎農山村の社会学』学文社．

コラム 10

住吉台

　篠山盆地から西の丘陵地を見上げると、家々が立ち並ぶ郊外ニュータウン特有の景観が目に飛び込んでくる。1,000世帯、3,000人弱が生活する住吉台である。大阪寄りの三田ニュータウンが人気を集めた時代に開発され、「子どもが小学校へあがる前に家を構えたい」と団塊の世代を中心に一戸建て住宅を求める人たちが入居してきた。入居開始は1981年、入居の最盛期は1980年代の後半から1990年である。

　JR福知山線の新快速を利用して夫は阪神間に通勤し、妻は住宅ローンや教育費のために近隣でパートをしながら子育てという典型的な近代家族の生活がここで始まった。病院や買い物、通勤通学者の駅への送迎のため免許を取った女性も多い。子どもたちの転入によって、味間小学校の児童数の過半数を住吉台の子どもが占めるようになったという。それでもPTA活動は地元住民が率先しておこなうなど、生活意識の差は大きかった。それぞれの、「上の人」（丘の上の住吉台住民）「下の人」（丘のふもとの地元住民）という呼び合いが、両者の関係を物語っている。

夏祭りが行われる住吉台グラウンド
（撮影　藤井和佐）

JR篠山口駅から丘の上の住吉台をのぞむ

(撮影　杉本久未子)

　自治会活動も都市型である。1,000世帯がブロック・班体制で組織され、そこを母体に輪番制などで選ばれた役員が自治会活動を担う。今でこそリタイア層が増えて男性役員の数も増えてきたが、役員の大半は女性であった。封建的で女性がなかなかおもてに出てこない篠山市のなかで、女性もどんどん出てきて意見をいう特異な地域だったという。コミュニティ消防センターを拠点に30以上のサークルが活動しており、最大のイベントは、盆踊りと5つの子ども神輿が巡回する夏祭りという親睦型の自治会である。公園の草刈りや子どもの通学時の安全管理なども、地域の人がボランティアという形でかかわっている。

　入居から30年あまり、成人した子世代が他出し、親世代が高齢化した。「ふるさとは篠山市」と感じ始めた人、「終のすみかと決めてここへ来たわけではないが、この先もずっと住むだろう」と思っている人、「歳いって不便になったらいつでも出よう」と考えている人など地域とのかかわりもさまざまある。住民が呼び寄せた親が住吉台で亡くなる例が増えており、逆に「大阪近くのマンションが増えているから、他出した子世代が戻ってきて住むことは考えられない」状況だ。住吉台を誰が引き継いでいくのか。ひとつのとっかかりが、「周辺の自治会から休耕田を貸農園にするから使わないか」という申し出があることだ。周辺地域との交流が、人びとの「篠山」への愛着を強めるかもしれない。

(山本素世)

コラム 11
篠山のエートス（心意気）

　篠山に行くと、女性たちのグループが街を散策している姿に出あう。城趾を中心に、西は武家屋敷群、北は神社仏閣と博物館、東は町屋の風情をもつ町並み、南は1000本の桜が植わる公園と、女性の足でも一巡できる。篠山には街の全体が見通せる安心感のようなものがある。他方、8月のデカンショ祭、10月の味まつりには、それぞれ篠山市の人口をこえる観光客が集まり、5万人に満たない市民は外来客に数で圧倒される。関西に住むものには一度は訪れてみたい観光地なのだが、城下町の風情も、丹波の黒豆も、多くの観光客を呼ぶようになったのはそんなに昔のことではない。1950年代から70年代に篠山の農業と黒豆を全国的に知らしめた人たち、1980年代にはデカンショ祭に県外からも人を集めようと奮闘した人たち、こうした多彩な人たちの「意思」と「エネルギー」を思わざるを得ない。

　地域社会の調査をすると、いつまでも記憶に残る魅力的な人たちがおられる。「株式会社まちづくり篠山」（Town Management Organization、2002年～2010年＊5章参照）の設立メンバーとなった、商店のUターン後継者もその一人である。当時、資本金2,000万円のうち、1,000万円を一口5万の株に分けて100人以上の出資者を募ったという。40歳以下のメンバーがおもな役員となり、商店街の活性化に取り組んだ。そんな若手メンバーには、TMOを「TとってもMまじめなOおじさんの店」とよぶ余裕が見られた。また、コミュニティ

地域リーダーへの聞きとり調査
（撮影　武田祐佳）

サイトを開設して、篠山に転居してきた人たちに参加を呼びかけることもやっていた。では、篠山にはなぜ、このような心意気ある人が生まれたのだろうか。

丹波篠山味まつりでにぎわう商店街（2011年11月） （撮影　武田祐佳）

　もちろん、篠山の豊かな自然と篠山藩としての歴史を忘れることはできない。丹波の黒豆もデカンショ節もこの自然と歴史がもたらしたものである。またこの活動を担った人、そして篠山の人的ネットワークも、篠山に集積した文化への愛着と誇りが育んだものだろうからである。そして、私どものような外の人間の眼からすると、篠山の街は互いの視野のなかに見通せるという見晴らしのよさも重要ではないかと考える。Ｕターンして帰った人を活動に取り込むことができるのも、地域の活動に参加するのが楽しいという感情を引き出すのも、互いに見知っているという環境が不可欠であろう。地域への「愛着」と「関心」と「貢献」という「地域的相互主義」（地域的利益のための貢献と信頼にもとづく互恵関係）が成りたつのに、篠山は無理がないのである。

　篠山の活動は、「地元で生まれて、地元で育って、地元で活動をやる」ところに特徴があった。しかし、必ずしもこの条件を継続できるわけではない。デカンショ祭や秋の味まつりは規模が大きくなり、地元の人たちだけでは運営できなくなった。篠山の人の生活と仕事と教育は関西圏への比重をますます高くしている。これにたいして、「Ｔとっても Ｍまじめな Ｏおじさんの店」の試みは、地域の生活が自分たちの手の届かないところに乖離するのをくい止めようとする活動に他ならなかった。「昭和の大合併」と「平成の大合併」とを経て行政単位は拡大し人びとの生活圏は広がってきたが、篠山のエートス（心意気）を支えてきた自然の恵みと歴史の蓄積と、そして「地域的相互主義」の再生産を信頼したいと考える。

　　　　　　　　　　　　　　　　　　　　　　　　　　　　（佐々木　衞）

自然体験が魅力の
丹波篠山渓谷の森公園

終章　篠山の地域力にみる「成熟」

杉本久未子

建築は1937(昭和12)年
篠山市立八上小学校校舎

1. 「成熟」を問う

　地方「創生」の掛け声のもと、中央主導の地域存続対策が進められようとしている。ちょうど10年前には、地方分権を推進するという建前のもとに「平成の大合併」が中央主導で取り組まれ、その結果として周辺地域の過疎化がさらに進んだ。現在地方に必要なことは「創生」であろうか。

　本書では、今後の地方都市の可能性を「創生」や「成長」ではなく「成熟」に見い出すことを目的に篠山市の地域力の実態を考察してきた。そこで着目したのは、住民組織のあり方、地域の共同性の仕組みと担い手の供給システム、情報や人の移動を媒介とした都市との関係の持ち方である。

　近代産業社会を支えてきた「成長」の神話は、資源・エネルギー問題や環境問題などを深刻化させ、グローバル化の進展のなかで地域間格差の拡大をもたらしている。戦後の地方は、中央政府の「総合開発計画」のもとで都市化・産業化を求めた結果として地域の個性と文化を失い若者を引き留める魅力を喪失していった。その流れを止める方策は何か。篠山市が目指す「なつかしい明日」、つまり地域が過去から積み重ねたものの価値を未来につなげることにひとつの可能性があると考えられる。

　少し前によく使われたサスティナビリティ＝持続可能な社会という提案は、私たちの関心に引き付けると「成熟した地方都市」に通じている。そこには、地域の資源と環境を維持し、そこで形成された文化を継承・円熟させようとする意識と実践がある。「成熟した地方都市」とは、その地域ならではの資源や歴史・文化の担い手が生みだされていく社会を意味するからである。

2. 維持する地域力・呼び込む地域力

　前半の考察からは、地域での人びとの生活を支えている自治会（集落自治）の強さが確認された。

　篠山市の自治会は、集落の維持管理の基点としての役割を持続しており、合併後に増大した行政協力への対応に苦慮しながらも、生活・産業両面で地域社会を支えている。これが可能となっている要因として、篠山市の集落では村落的共同性が村用や自治会活動、地域行事を通じて根強く維持されていることがある。多くの集落における村落的共同性の内容は、混住化や後継者の他出のなかで、メンバーシップの範囲や作業へのかかわり方などにおいて形を変えながらも、共同性を維持する装置として機能しつづけている。

　共同性を維持するための活動を支え、人びとの参加をうながす自治会役員の負担は増大するが、役員は当然の責務として受容している。現在の篠山市の自治会長は、家を守る跡継ぎとして地元に残ることができる職業選択をして集落を支えてきた人びと、途中退職・定年退職を契機に家と集落を支えるためにUターンした人びとに大きく二分される。家と集落を継承すべきであるという規範を持つ人びとを生みだし、育てる「地域力」が篠山には存在している。

　後半からは、篠山市の資源とりわけ人材面における強さを確認することができた。

　篠山市では歴史的に教育面に力が注がれてきた。専門的教育機関の整備が比較的裕福な農家の存在を背景に農村エリートを、青年自営業者たちによる経済団体の結成が町場エリートを育て、彼らが篠山市のあり方を大きく方向づけていった。彼らの活躍の背後には多紀郷友会を媒介とした離郷エリートからのサポートもあった。

　それらの構造が崩壊しつつある近年では、伝統的建造物等を活用し

た地域づくりとそれをめぐる地元住民と外部からの専門家の協働に新たな可能性を見い出すことができる。このような蓄積のうえに、篠山市で定住する若者たちがいる。一定の生活を保障される経済的基盤とほどほどの利便性が確保されるなら、家族や友人がおり独特の歴史文化を感じさせる篠山市を居場所としてその地域を継承していきたい、地域文化を継承・展開したいという若者たちである。住民であることに誇りを持たせる力が篠山市にはある。

3. 地域力から浮かびあがる篠山の「成熟」

　篠山市は、都市を相対化する視点を歴史的に維持してきた。逆にいえば杜氏や離郷エリートを通じて流入する都市のモノや文化は、篠山市のなかで消化され地域に合わせた文化として定着していった。そのことが、歴史・文化に根差した地域への愛着とプライドを生みだしている。つまりある分別をもって、新しい生活手段や情報を取捨選択するという大人の判断＝「成熟」が篠山市には存在している。

　現在の篠山市は、「篠山」ならではの自然環境や文化資源を保全し継承していく取り組みに活路を見い出そうとしている。そこでは、「農都」として第一次産業を基盤としながら、伝統的建造物群や昭和レトロな町並みの有効活用と観光資源化などの動きがみられる。地域特性を資源とした「成熟」の一方策といえるだろう。

　また、地域を支える人材確保という面も注目される。定住できる職業を前提とした進路選択というモデル、Uターン者に居場所を作りだしていく若者を巻き込んだ集落活動、地域への愛着を育てる伝統行事などのじっくりと地域で形成されてきたシステムにくわえて、Iターン者を呼び込む地域のイメージづくり＝「由緒ある田舎」が、存在しているのである。この地域の共同性に裏打ちされたともいうべきし

終章　篠山の地域力にみる「成熟」

みが、篠山市という成熟地方都市を支えている。

　歴史や文化を商品化して消費しつづける現代社会において、このじっくりと形成されてきたシステムをどう維持していけるかが、成熟した地方都市の正念場といえるであろう。

　私たちが篠山市の調査を開始してから15年が経過した。多くの自治会長にご協力をいただいたインタビュー調査からも数年が経過している。インタビューのために篠山市の各地を訪問し篠山市の歴史的蓄積の深さ、豊かな人材に感嘆したことが脳裏によみがえってくる。周辺部では狭い道路をビクビク運転したこともなつかしい思い出だ。篠山市の多様性とそれぞれの集落の生き残りをかけた、今の豊かさを存続させるための、そして新たな活性化をかけた取り組みの多彩さも興味深かった。

　マチ・ノラ・ヤマとつながる篠山市の社会空間は多彩である。そこにはそれぞれの自然と生業にもとづく歴史があり文化がある。とても伝えきれない篠山市の「むら」「まち」社会的なものと「都市」社会的なものの一部をコラムから感じていただけただろうか。

〈執筆者紹介〉（五十音順）

奥井 亜紗子（おくい あさこ）〔第4章，コラム6〕
京都女子大学現代社会学部 専任講師
家族社会学・村落社会学
『京阪神都市圏の重層的なりたち——ユニバーサル・ナショナル・ローカル』（分担執筆，昭和堂，2008年），「農村跡継の都市移動と家の継承——軍学校進学者の『立身出世』型移動を事例として」『社会学雑誌』26号（神戸大学社会学研究会，2009年），『東アジア「地方的世界」の社会学』（分担執筆，晃洋書房，2013年），『農村—都市移動と家族変動の歴史社会学——近現代日本における「近代家族の大衆化」再考』（単著，晃洋書房，2011年），「『地域エリート』の存立構造とその変遷——昭和30年代卒農業高校OBの事例を通して」『東北学院大学経済学論集』第177号（東北学院大学学術研究会，2011年）．

佐々木 衞（ささき まもる）〔コラム11〕
神戸大学 名誉教授
社会学・社会人類学
『近代中国の社会と民衆文化——日中共同研究・華北農村社会調査資料集』（編著，東方書店，1992年），『中国民衆の社会と秩序』（単著，東方書店，1993年），『費孝通——民族自省の社会学』（単著，東信堂，2003年），『中国村落社会の構造とダイナミズム』（共編著，東方書店，2003年），『越境する移動とコミュニティの再構築』（編著，東方書店，2007年），『現代中国社会の基層構造』（単著，東方書店，2012年）．

杉本 久未子（すぎもと くみこ）〔第3章，第6章，終章，コラム4，コラム5〕
大阪人間科学大学大学院人間科学研究科 教授
地域社会学・環境社会学
『共生型まちづくりの構想と現実——関西学研都市の研究』（分担執筆，晃洋書房，2006年），『京阪神都市圏の重層的なりたち——ユニバーサル・ナショナル・ローカル』（分担執筆，昭和堂，2008年），『闘う地域社会——平成の大合併と小規模自治体』（分担執筆，ナカニシヤ出版，2010年），『変貌する沖縄離島社会——八重山にみる地域「自治」』（共編著，ナカニシヤ出版，2012年），『赤とんぼが舞う青い空を——尼崎公害をたたかう人びと』（単著，ビレッジプレス，2013年）．

武田 祐佳（たけだ ゆか）〔第5章，コラム7，コラム8，コラム9〕
同志社大学社会学部 嘱託講師
地域社会学
『日本官僚制の連続と変化』（分担執筆，ナカニシヤ出版，2007年），『京阪神都市圏の重層的なりたち——ユニバーサル・ナショナル・ローカル』（分担執筆，昭和堂，2008年），「政治参加におけるジェンダー・ギャップ——JGSS-2003による資源・政治の関与要因の検討」『JGSS Research Series No.7 日本版総合的社会調査共同研究拠点研究論文集』10（大阪商業大学JGSS研究センター，2010年），「政治参加における集団参加がもつ意味——政治的有効性感覚とネットワークの広がりに着目して」『奈良女子大学社会学論集』20（奈良女子大学社会学研究会，2013年）．

福田　恵（ふくだ さとし）〔コラム 2〕
広島大学大学院総合科学研究科 准教授
農村社会学
「近代日本における森林管理の形成過程——兵庫県村岡町 D 区の事例」『社会学評論』第 55 巻第 2 号（日本社会学会，2004 年），『むらの資源を研究する——フィールドからの発想』（分担執筆，農山漁村文化協会，2007 年），「山間地域にみる社会関係のダイナミズム——階層流動下で躍進する人物を手がかりとして」『ソシオロジ』第 162 号（社会学研究会，2008 年），『ラオス農山村地域研究』（分担執筆，めこん，2008 年），『【年報】村落社会研究 47 都市資源の〈むら〉的利用と共同管理』（分担執筆，農山漁村文化協会，2011 年），「狩猟者に関する社会学的研究——イノシシ猟を介した社会関係に着目して」『共生社会システム研究』7 巻 1 号（農林統計出版，2013 年）．

藤井 和佐（ふじい わさ）〔序章，第 1 章，コラム 1〕
岡山大学大学院社会文化科学研究科 教授
村落社会学・地域社会学
Women in Japanese Fishing Communities（分担執筆，農林統計出版，2009 年），『闘う地域社会——平成の大合併と小規模自治体』（分担執筆，ナカニシヤ出版，2010 年），『農村女性の社会学——地域づくりの男女共同参画』（単著，昭和堂，2011 年），『変貌する沖縄離島社会——八重山にみる地域「自治」』（共編著，ナカニシヤ出版，2012 年），『【年報】村落社会研究 48 農村社会を組みかえる女性たち——ジェンダー関係の変革に向けて』（分担執筆，農山漁村文化協会，2012 年）．

森　裕亮（もり ひろあき）〔第 2 章，コラム 3〕
北九州市立大学法学部 准教授
行政学・地方自治論
『地方政府と自治会間のパートナーシップ形成における課題——「行政委嘱員制度」がもたらす影響』（単著，渓水社，2014 年）．

山本 素世（やまもと そよ）〔第 6 章，コラム 10〕
同志社大学社会学部 嘱託講師
地域社会学・都市社会学
『変動期社会の地方自治——現状と変化、そして展望』（分担執筆，ナカニシヤ出版，2006 年），『闘う地域社会——平成の大合併と小規模自治体』（分担執筆，ナカニシヤ出版，2010 年），「地域自治組織の範域と代表性——丹波市旧柏原町の自治協議会を事例として」『コミュニティ政策 8』（東信堂，2010 年），『変貌する沖縄離島社会——八重山にみる地域「自治」』（分担執筆，ナカニシヤ出版，2012 年），「転換期の地域づくりと自治——地域自治組織の範域に関する課題の考察」『地域創造』52 号（（公社）奈良まちづくりセンター，2014 年）．

成熟地方都市の形成
──丹波篠山にみる「地域力」

2015年11月10日　初版第1刷発行

編著者　　藤井和佐・杉本久未子
発行者　　石井昭男
発行所　　福村出版株式会社

〒113-0034　東京都文京区湯島2-14-11
電話　03-5812-9702　FAX　03-5812-9705
http://www.fukumura.co.jp

装幀　　臼井弘志（公和図書デザイン室）
印刷　　株式会社スキルプリネット
製本　　本間製本株式会社

ⓒWasa Fujii, Kumiko Sugimoto 2015
Printed in Japan
ISBN978-4-571-41056-7　C3036
定価はカバーに表示してあります。
乱丁本・落丁本はお取替えいたします。

福村出版◆好評図書

菊池信太郎・柳田邦男・渡辺久子・鵤田夏子 編
郡山物語
●未来を生きる世代よ！ 震災後子どものケアプロジェクト
◎1,500円　ISBN978-4-571-41050-5　C0036

東日本大震災と福島原発事故による未曾有の危機的状況下，子どもの心と体のケアを支援した活動記録とメッセージ。

小林真生 著
日本の地域社会における対外国人意識
●北海道稚内市と富山県旧新湊市を事例として
◎5,600円　ISBN978-4-571-41045-1　C3036

地方小都市は外国人をどう受け入れるのか？住民の意識分析を通じて共生社会創生への道を提示する。

福田友子 著
トランスナショナルなパキスタン人移民の社会的世界
●移住労働者から移民企業家へ
◎4,800円　ISBN978-4-571-41046-8　C3036

「自営起業家」として中古自動車貿易業界に特異な位置を築くパキスタン移民を考究，新たな移民論を提起する。

岡本健 編著
コンテンツツーリズム研究
●情報社会の観光行動と地域振興
◎2,400円　ISBN978-4-571-41055-0　C3036

「聖地巡礼」に象徴される新しい観光学の本格的入門書。学術・経済・行政など，67の項目から分析・考察。

池田勝徳 編著
新時代の現代社会学6講
◎2,300円　ISBN978-4-571-41054-3　C3036

少子高齢化の進む現代社会を，福祉・医療，芸術，情報と表現の自由，そして自分史という多面的視点から読み解く。

木村吾郎 著
旅館業の変遷史論考
◎3,800円　ISBN978-4-571-31019-5　C3036

日本の近代化の歩みとともに発展してきた旅館の変遷（明治から平成）を辿り，その社会的意義を幅広く考察。

中道寿一・仲上健一 編著
サステイナブル社会の構築と政策情報学
●環境情報の視点から
◎3,800円　ISBN978-4-571-41044-4　C3036

「持続可能な社会」を築く環境政策を東アジア視点から提示。地方自治体からの具体的な政策発信も詳説する。

◎価格は本体価格です。